LOS TIEMPOS DESIGNADOS DE YHVH ELOHIM

AMINTA COLÓN

A YHVH el Elohim de Abraham, Isaac e Israel.
El creador del cielo y de la tierra.
El Santo de Israel.

"Tuyos son los cielos
Tuya también la tierra; el mundo y su plenitud
Tú los has fundado" (Salmos 89:11).

Elohim dijo:

"¡Mío es el mundo y todo lo que contiene!" (Salmos 50:12).

Un agradecimiento especial a mi familia
que amablemente me proporcionó fotos.

LOS TIEMPOS DESIGNADOS DE YHVH ELOHIM

© 2023 Publicado por LASO LLC
Escrito por Aminta Colón. Todos los derechos reservados.

Escrituras tomadas de las Sagradas Escrituras; Biblia mundial en Inglés, dominio público publicada por primera vez en 1901 y puede usarse libremente.

Ninguna parte de esta publicación puede ser reproducida, almacenada en un sistema de recuperación, o transmitida, en cualquier forma, o por cualquier medio, ya sea electrónico, mecánico, por fotocopia, grabación o de otra manera, sin el consentimiento previo del editor.

Tabla de Contenido

Prólogo
09

1. El Calendario y la Obediencia
17

2. Shabat
25

3. El Tiempo Designado de la Pascua
53

Una Hagadá para creyentes
88

4. . El tiempo Designado de los Panes sin Levadura
103

5. El Tiempo Designado de los Primeros Frutos
115

6. El Tiempo Designado de Shavuot
131

7. El Tiempo Designado de Yom Teruah
149

8. El Tiempo Designado de Yom Kippur
167

9. El Tiempo Designado de Sukkot
183

10. Una Historia Dentro de un libro
203

Epílogo
205

Recursos
208

AL LECTOR

Éxodo 3:15: "Elohim dijo además a Moshé: 'Dirás esto a los hijos de Israel: 'YHVH, el Elohim de sus padres, el Dios de Abraham, el Dios de Isaac y el Dios de Jacob, me ha enviado a ustedes'. Este es mi nombre para siempre, y así es como seré recordado por todas las generaciones".

"Que YHVH te bendiga y te guarde, que YHVH haga resplandecer sobre tu rostro y te conceda su favor, que YHVH alce sobre ti su rostro y te dé Shalom" (Números 6:24-26).

2 Timoteo 2:15: " Procura con diligencia presentarte aprobado por Dios, como trabajador que no tiene de qué avergonzarse, que maneja apropiadamente la Palabra de Verdad."

Este es un libro sencillo cuyo propósito principal es presentar a los lectores los Tiempos Designados de YHVH Elohim y las razones por las que todo creyente en Yeshua el Mesías debe celebrarlos. Las palabras o las escrituras de Elohim están vivas, respiran y se mueven; por lo tanto, el autor, como todos los hijos de Elohim, está constantemente aprendiendo cosas nuevas sobre Elohim.

"Así, el Mesías, habiendo **sido también ofrecido una sola vez para llevar los pecados de muchos**, aparecerá por segunda vez no por nuestro pecado, sino por los que le esperan para salvación " (Hebreos 9:28).

Prólogo

Los Tiempos Designados de YHVH son los tiempos designados que Él ha apartado a través de Sus mandamientos para que Su pueblo celebre cada año.

A través de estas citas, que Él inicia con especiales fechas de Su calendario bíblico, tenemos el privilegio de conocer la historia de nuestra redención y salvación que se produjo a través de Yeshua, el Mesías (Jesús).

Todo creyente en Yeshua, el Mesías, debe celebrar estas fechas especiales porque Elohim nos dice que lo hagamos. Cuando los creyentes los celebran, sus vidas cambiarán por completo.

Algunos podrán alegar que estos tiempos señalados son fiestas judías, pero las Escrituras nos dicen lo contrario.

" Habla a los hijos de Israel y diles: Las fiestas fijadas de YHVH, que proclamaras como santas convocaciones, estas son mis fiestas fijas." (Levítico 23:2).

La palabra hebrea para tiempos señalados que se utiliza aquí es moeday (מוֹעֲדֵי), que se traduce al español como "mi fecha". Estas fiestas especiales no pertenecen al pueblo judío, ni a Israel, ni a ningún grupo de personas o países en particular, sino a Elohim.

LOS TIEMPOS DESIGNADOS DE YHVH ELOHIM

Otros pueden discutir que estos tiempos señalados se encuentran en el Antiguo Testamento y no se mencionan en el Nuevo Testamento; sin embargo, las Escrituras nos dicen lo contrario.

Mateo 5:17-20 afirma: "No pienses que vine a destruir la Torá o los profetas. No vine a destruir, sino a cumplir. Porque de cierto les digo que hasta que pasen el cielo y la tierra, ni una yud, ni una letra muy pequeña, ni un trazo diminuto desaparecerán de la ley, hasta que todas las cosas se cumplan. Por lo tanto, cualquiera que rompa uno de estos mandamientos más pequeños y enseñe a otros a hacerlo, muy pequeño será llamado en el Reino de los Cielos; pero el que las haga y las enseñe, será llamado grande en el Reino de los Cielos. Porque les digo que, a menos que su justicia sea mayor que la de los escribas y fariseos, no hay manera de que entrés en el Reino de los Cielos".

Un yud es la letra más pequeña del alfabeto hebreo o la letra más pequeña de las Escrituras. En otras palabras, todas las Escrituras o todo el Tanaj (la Torá y todos los profetas) son válidas y están representadas por la yud. Por lo tanto, Yeshua vino a completar toda la Escritura. Si Yeshua vino a completar, cumplir o satisfacer toda la Escritura, entonces con más razón, todas las palabras de la Escritura tienen un peso e importancia más profundos y mayores.

Yeshua nos dice en Juan 5:39-40: "Siguen investigando el Tanaj o las escrituras porque piensas que en él tienes la vida eterna. y éstos son los que dan testimonio de mí. Pero no vienen a mí para tener vida ".

Tomemos, por ejemplo, uno de los tiempos designados el "Yom Kippur", también conocido como el Día de la Expiación

PRÓLOGO

en el Nuevo Testamento: "Además, él es la kapparah por nuestros pecados, y no sólo por los nuestros, sino también por los de todo el mundo" (1 Juan 2:2).

La palabra hebrea "kapparah" significa expiación. Además, no existen los pactos antiguo y nuevo porque las Escrituras son una y la misma, desde el Libro del Génesis hasta el Libro del Apocalipsis.

El nuevo pacto al que se refiere la Escritura no es que haya dos libros separados o dos temas o mensajes separados, **sino que Yeshua el Mesías es el nuevo pacto**. El Antiguo Testamento viene a vida en Yeshua, el Mesías, y a través de él tenemos perdón de los pecados y vida.

Jeremías 31:31-34 afirma: " He aquí vienen días, dice YHVH, en que haré con la casa de Israel y con la casa de Judá un nuevo pacto, no como el pacto que hice con sus padres el día que los tomé de la mano para sacarlos de la tierra de Egipto; cual mi pacto rompieron, aunque yo para ellos era un esposo", dice YHVH. "Pero este es el pacto que haré con la casa de Israel después de aquellos días", dice YHVH: "Pondré mi ley en sus entrañas, y la escribiré en su corazón. Yo seré su Elohim y ellos serán mi pueblo. Ya cada uno no enseñará a su prójimo, ni cada uno enseñará a su hermano, diciendo: Conoce a YHVH; porque todos me conocerán, desde el más pequeño hasta el más grande", dice YHVH: "porque perdonaré su iniquidad, y no me acordaré más de sus pecados".

Yeshua es el **Nuevo Pacto**; esto queda patente en Lucas 22:20: "Asimismo, Tomo la copa después de la comida, diciendo: "Esta copa es el **Nuevo Pacto**, a través de mi sangre, que está siendo derramada por ti".

LOS TIEMPOS DESIGNADOS DE YHVH ELOHIM

El Antiguo y el Nuevo Testamento son uno y el mismo porque el denominador común es el Mesías, Yeshua. Durante los tiempos de Moshé, la palabra de Elohim fue entregada en piedra; por lo que era imposible que la gente se atuviera a esas palabras y obtener la salvación siguiendo únicamente la Torá y los profetas, pero Yeshua vino a hacer posible lo imposible vino a poner las palabras de Dios en nuestros corazones.

Se sacrificaron animales vivos para pedir el perdón de los pecados como representación de Yeshua el Mesías en esos tiempos, pero cuando Él vino como ser humano y derramó Su sangre, el sacrificio de animales quedó abolido.

Nadie puede cumplir toda la ley (normas y reglamentos) ni trabajar por su salvación para encontrar la paz, pero a través de Yeshua el Mesías, todo pecado es perdonado si nos arrepentimos y ponemos nuestra confianza en Él como el Mesías. Yeshua es el shalom de la humanidad, o el Shabat que se ha dado para la salvación; por lo tanto, el antiguo sistema de sacrificios de animales se hace viejo y queda abolido (Hebreos 8:13). Sin embargo sigue existiendo un sistema de derramamiento de sangre para hoy y mañana, hasta el momento en que Él regrese. Para todos aquellos que aún no han llegado a ese lugar de salvación y descanso, Yeshua es el sacrificio de sangre ofrecido a través de Su muerte. El sacrificio de sangre todavía se requiere hoy para el perdón de los pecados, pero la única diferencia entre los sacrificios de animales y Yeshua derramando Su sangre es que Él sacrificó Su vida de una vez por todas; Él no necesita seguir haciéndolo cada año. El perdón de los pecados viene a través del sacrificio de sangre de Yeshua el Mesías y sigue en vigor hoy y hasta el día en que Él regrese.

PRÓLOGO

Hebreos 4:8-11: "Porque si Josué les hubiera dado descanso, no habría hablado después de otro día. Por lo tanto, queda un **reposo sabático para el pueblo de Dios**. Porque el que ha entrado **en su reposo, también ha descansado de sus** acciones, como Dios descanso de las suyas. Por tanto, procuremos entrar en ese reposo, para que nadie caiga en el mismo ejemplo de desobediencia."

Mateo 1:21: " Ella dará a luz a un hijo. Le llamarás Yeshua, porque él es quien salvará a su pueblo de sus pecados ".

Aun así, algunas personas pueden argumentar que no hay necesidad de celebrar los tiempos señalados porque Yeshua clavó todo en la estaca o cruz.

Si este es el caso, ¿por qué Yeshua diría esto?

"Si me aman, guarden mis mandamientos" (Juan 14:15).

Cuando las personas aceptan a Yeshua como su salvación, dejan atrás su antigua forma de vida y abrazan una vida de rectitud.

Algunas personas dicen que cuando Yeshua clavó todo en la estaca, ya viven en sus cuerpos celestiales y no están bajo ninguna condena ni pecado. Al decir esto, algunos están proclamando que la resurrección ya ha tenido lugar, como estaban diciendo Himeneo y Fileto a la gente de Éfeso; sin embargo, todavía tenemos que seguir Sus mandatos, esperar hasta Su regreso y escuchar el sonido del último shofar (trompeta). Pablo dijo a Timoteo que Himeneo y Fileto eran falsos maestros que llevaban a la gente en el mal camino (2 Timoteo 2:16-18).

LOS TIEMPOS DESIGNADOS DE YHVH ELOHIM

Este patrón de pensamiento es peligroso porque promueve el pecado y el comportamiento impío. Yeshua vino a darnos una salida, un camino para la liberación, y esta liberación tiene un orden.

1 Corintios 15:20-24: "Pero ahora el Mesías ha resucitado de entre los muertos. Se convirtió en el primer fruto de los que duermen. Porque por cuanto la muerte vino por un hombre, también por un hombre vino la resurrección de los muertos. Porque así como en Adán todos mueren, así también en el Mesías todos serán vivificados. Pero cada uno en su orden: el Mesías las primicias, luego los que son del Mesías, en su venida. Entonces vendrá el fin, cuando entregará el Reino a Dios, el Padre, cuando habrá abolido todo dominio, toda autoridad y poder".

Otro aspecto a tener en cuenta con el nuevo pacto es la palabra "nuevo" en hebreo, que se utiliza en Jeremías 31:31 o en Hebreos 8:8.

Nuevo en hebreo es Chadash/Chadasha (חָדָשָׁה). Esta palabra significa algo más que una cosa nueva o algo nuevo: Significa "nuevo", "renovar", "restablecer", "recomenzar", "rejuvenecer", "introducir".

En las antiguas Escrituras, Yeshua fue presentado una y otra vez, y cuando vino como ser humano, fue presentado y establecido como el pacto renovado. Rejuveneció lo antiguo con una forma nueva y fresca de enseñar lo antiguo. Así pues, la aparición y muerte de Yeshua son una continuación del plan de redención establecido desde el principio de los tiempos.

PRÓLOGO

Oremos:

Yeshua nos dice en Marcos 4:9: "El que tenga oídos para oír, que oiga".

En Isaías 55:1-3 dice: Vengan, todos los que tienen sed, ¡a las aguas! ¡Ven, el que no tiene dinero, compra y come! Sí, ven, compra vino y leche sin dinero y sin precio. ¿Por qué gastar dinero en lo que no es pan y su trabajo en lo que no sacia? Escúchame atentamente, y come lo bueno, y deja que tu alma se deleite en las riquezas. Abre tu oído y ven a mí. Escucha, y tu alma vivirá. Haré con ustedes un pacto eterno, las misericordias firmes de David".

Salmos 119:18: " Abre mis ojos, para que pueda ver las maravillas de Tu Torá ".

LOS TIEMPOS DESIGNADOS DE YHVH ELOHIM

1
EL CALENDARIO Y LA OBEDIENCIA

Hay ocho tiempos designados: Shabat, Pascua, Pan sin levadura, Primicias, Shavuot, Yom Teruah, Yom Kippur y Sucot.

EL CALENDARIO

Antes de hablar de los tiempos designados o días de fiesta, debemos remontarnos al principio de los tiempos en el libro del Génesis y establecer el calendario y el significado de lo que constituye un día, para que podamos comprender mejor los Días de Fiestas.

En Génesis 1:5 se dice: " Elohim llamó a la luz "día" y a las tinieblas llamó "noche". Fue la tarde y fue la mañana el primer día ".

LOS TIEMPOS DESIGNADOS DE YHVH ELOHIM

Según las Escrituras, un día comienza al atardecer. De la tarde a la noche hay un día.

Otro ejemplo se encuentra en Génesis 1:8: " Elohim llamó a la expansión "cielo". Fue la tarde y fue la mañana, un día segundo ".

Ahora, retrocedamos aún más hasta el principio del Génesis para comprender por qué esto es así.

Génesis 1:2: " La tierra estaba desformada y vacía. La oscuridad estaba sobre la superficie del abismo y el Espíritu de Elohim se movía sobre la superficie de las aguas ".

De las Escrituras anteriores se desprende que Elohim comenzó Sus acciones en la oscuridad; esto fue para simbolizar nuestro estado de ser sin la luz. Cuando no tenemos a Yeshua en nuestras vidas, vivimos en la oscuridad.

Según Juan 11:10, " Pero si un hombre camina de noche, tropieza, porque no hay luz en él. ".

Por lo tanto, progresamos de las tinieblas a la luz; de pecador ha perdonado; de muerte a vida. Elohim trabajó de tarde a tarde, y luego lo llamó un día.

Ahora bien, ¿cómo sabemos que un día tiene veinticuatro horas?

Yeshua nos lo dice en Juan 11:9-10: **¿No hay doce horas de luz?** Si un hombre camina de día, no tropieza, porque ve la luz de este mundo. Pero si un hombre camina de noche, tropieza, porque no hay luz en él".

EL CALENDARIO Y LA OBEDIENCIA

Podemos encontrar otra prueba que apoya esta teoría en Lucas 13:32-33: "Les dijo: 'Ve y dile a ese zorro: **"He aquí yo expulso demonios y hago curaciones hoy y mañana, y al tercer día cumplo mi misión.** Sin embargo, es necesario que hoy y mañana y pasado mañana siga mi camino, porque no es posible que un profeta muera fuera de Jerusalén'".

Otro ejemplo se encuentra en Génesis 2:2: " **En el séptimo día** Elohim acabó el trabajo que había hecho; **y reposó el día séptimo** de todo el trabajo que había hecho."

El calendario según las escrituras:

El calendario de Elohim YHVH comienza en un día completamente distinto al que nosotros conocemos. Los distintos países tienen calendarios diferentes; por ejemplo, los americanos tienen su calendario, y otros países también tienen el suyo. El punto aquí es que los calendarios hechos por el mundo pertenecen al mundo. Las Escrituras nos hacen comprender que estamos en el mundo, pero que no somos de este mundo: " Ellos no son del mundo así como yo no soy del mundo " (Juan 17:16).

<u>YHVH Elohim nos dice cuándo debe comenzar nuestro calendario:</u>

Éxodo 12:2: **"Este mes será para ustedes el principio de los meses. Para ustedes será el primer mes del año".**

<u>¿De qué mes está hablando Elohim?</u>

El mes comienza en primavera, o sea, en marzo/abril, en la época de la muerte y resurrección de Yeshua.

LOS TIEMPOS DESIGNADOS DE YHVH ELOHIM

El calendario hebreo comienza con marzo/abril, al que las Escrituras se refieren como el "Mes de Aviv".

Aviv es la terminología agrícola para la primavera o la cosecha, cuando las flores salen y florecen.

Así pues, el calendario en las Escrituras va por el primer mes, el segundo mes, y así sucesivamente; sin embargo, algunos de los meses tienen nombres como el Mes de Aviv.

Sin embargo, cuando mires un calendario judío, verás otros nombres que adoptaron para conservar los nombres babilónicos cuando fueron liberados; por ejemplo, el primer mes, o Aviv, se llama Nisán en el calendario judío.

Otra cosa crucial a tener en cuenta es que YHVH Elohim estableció las luces en el cielo como referencia:

Esto es evidente en Génesis 1:14: " Elohim dijo: "Que haya lumbreras en la expansión del cielo para separar el día de la noche; y que sirvan de señales para marcar las estaciones, los días y los años '".

Éstos son los meses que se mencionan en las Escrituras: (Los meses subrayados son los que aparecen en las Escrituras por su nombre y los que aparecen en cursiva son los nombres babilónicos judíos. La luna nueva, por ejemplo, da comienzo a un mes del calendario, y más adelante descubriremos que coincide con los Tiempos Designados de Elohim).

Toma nota: Algunas personas argumentarán que las Escrituras no muestran doce meses; sin embargo, hay referencias bíblicas para cada mes que demuestran que cada mes se menciona en las Escrituras.

EL CALENDARIO Y LA OBEDIENCIA

Otra cosa que vale la pena mencionar aquí es que el calendario judío no sigue nuestro formato de fechas (es decir, 2022, 2023, 2024, etc.). Es más de 5,780, contando desde el principio de la creación.

Primer mes = Aviv = Nisán = marzo/abril del calendario gregoriano. Éxodo 40:2.

Acontecimiento: Pascua/Panes sin levadura/Primeras frutas.

Segundo Mes = Ziv = Lyyar = Abril/Mayo - Números 1:1.

Tercer Mes = Sivan = Mayo/Junio - Hechos 2.

Acontecimiento: Shavuot

Cuarto Mes = Tamuz = Junio/Julio - 2 Reyes 25:3-4.

Quinto Mes = Av = Julio/Agosto - Números 33:38.

Sexto Mes = Elul = Agosto/Septiembre - Lucas 1:26.

Séptimo Mes = **Eitanim** = Tishri = Sep/Oct - Levítico 23.

Acontecimiento: Yom Teruah, Yom Kippur, Sukkot

Octavo Mes = Bul = Sheshvan = Oct/Nov - 1 Reyes 6:38.

Noveno Mes = Kislev = Nov/Dic - Nehemías 1:1.

Décimo Mes = Tevet = Dic/Ene - 2 Reyes 25:1.

Undécimo Mes = Sh'vit = Ene/Feb - Zacarías 1:7.

LOS TIEMPOS DESIGNADOS DE YHVH ELOHIM

Duodécimo Mes = Adar = Feb/Marzo - Ezequiel 32:1, el libro de Ester 2:12.

OBEDIENCIA

No hay libertad sin obediencia.

Juan 8:30-32 afirma que "Mientras hablaba estas cosas, muchos creyeron en él. Entonces Yeshua dijo a los judíos que habían creído en el: "Si permanecen en mi palabra, serán verdaderamente mis discípulos. **Sabrán la verdad y la verdad los hará libre.**"

¿Qué es la obediencia?

Es el acto de someterse humildemente a YHVH Elohim. Es el acto de mostrar reverencia, honor, respeto y amor. Demuestra que confiamos en ÉL. Muchas veces, puede que no entendamos Sus formas, pero como niños pequeños, debemos confiar en Él.

"Confía en YHVH con todo tu corazón, y no te apoyes en tu propio entendimiento. Reconócelo en todos tus caminos, y él enderezará tus veredas" (Proverbios 3:5-6).

"¿Se deleita YHVH en las ofrendas quemadas y sacrificios, como en obedecer la voz de YHVH? He aquí, obedecer es mejor que los sacrificios, y escuchar su voz, que la grasa de los carneros " (1 Samuel 15:22).

La obediencia demuestra nuestro amor.

Yeshua dijo algunas cosas sobre la obediencia:

EL CALENDARIO Y LA OBEDIENCIA

Juan 14:21: " La persona que tiene mis mandamientos y los obedece, esa persona es aquella que me ama. El que me ama, será amado por mi Padre, y yo lo amaré y me revelaré a él ".

Juan 14:15: "Si me aman, guarden mis mandamientos".

Juan 15:10: "Si guardan mis mandamientos, permanecerán en mi amor, así como yo he obedecido los mandamientos de mi Padre y permanezco en Su amor".

1 Juan 5:3: " Porque esto es amar a Dios, que obedezcamos sus mandamientos. Sus mandamientos no son gravosos".

2 Juan 1:6: "Y esto es el amor: que nos comportemos conforme a sus mandamientos. Este es el mandamiento, que escuchastes desde el principio, que vivas en sus mandamientos".

Yeshua fue el ejemplo perfecto de obediencia.

Podemos verlo en Hebreos 5:8: "aunque era Hijo, por lo que sufrió aprendió la obediencia".

Los tiempos señalados pueden ser algo extraño o nuevo para muchos, pero son mandamientos que están ahí para beneficiarnos y llenarnos de bendiciones, las bendiciones que provienen de aprender más sobre Yeshua y el significado de todas las Escrituras, desde Génesis hasta Apocalipsis.

Ahora que hemos establecido cierta información que es fundamental para comprender los tiempos señalados, mantengamos nuestras mentes y corazones abiertos a SUS tiempos señalados. *"Muéstrame tus maneras, YHVH. Enséñame tus caminos". (Salmos 25:4).*

LOS TIEMPOS DESIGNADOS DE YHVH ELOHIM

Foto de Cole Keister en Unplash

Shabat Shalom significa descansar en completa paz.
Descansar en la paz de Yeshua el Mesías.
Entrar y permanecer en Su paz.
Estar en el lugar tranquilo y seguro de Yeshua.

2
Shabat שָׁבָת

¿Qué significa Shabat?

Shabat significa descansar o cesar.

¿Cesar de qué?

De trabajar físicamente durante un día entero y de intentar continuamente ganar o trabajar para conseguir la salvación eterna.

¿Por qué necesita la gente tomarse un día libre?

Para que puedan descansar sus cuerpos y concentrarse en Elohim.

¿Por qué las personas trabajan por su salvación?

1. Porque las personas no quieren morir. Todos experimentaremos algún día una muerte física y la muerte eterna o la vida eterna; "Por cuanto está establecido que los hombres mueran una sola vez, y después de esto, es el juicio" (Hebreos 9:27).

LOS TIEMPOS DESIGNADOS DE YHVH ELOHIM

Y,

2. Porque las personas piensan que pueden conseguir la vida eterna mediante su propio esfuerzo y justicia propia, y porque muchas personas piensan que son perfectas o que no tiene defectos o que no tienen pecado.

Sin embargo, las Escrituras nos dicen algo distinto. Nos dicen que todos somos pecadores.

Romanos 3:10-12: "Como está escrito: "**No hay nadie justo; no, ninguno**. No hay nadie que entienda. No hay nadie que busque a Dios. Todos se han separado de Dios. Juntos son improductivos. No hay nadie que haga el bien, no, ni uno solo".

Romanos 3:23: "Todos han pecado, y caen cortos de alcanzar la gloria de Dios".

Y, puesto que todos somos pecadores y no podemos salvarnos a nosotros mismos, necesitamos a alguien fuera de nosotros que sea justo y sin pecado para salvarnos; "Pero ahora, aparte de la Torá, se ha revelado una justicia de Dios, testificada por la ley y los profetas; incluso la justicia de Dios por la fe en Yeshua el Mesías para todos y sobre todos los que creen. Porque no hay distinción entre las personas" (Romanos 3:21-22).

Yeshua contó una parábola (Lucas 18:10-14) para dar un ejemplo de alguien que se creía justo por sí mismo:

"Dos hombres subieron al templo a orar; uno era fariseo y el otro recaudador de impuestos. El fariseo se puso de pie y oró para sí mismo de esta manera: "Dios, te doy gracias porque no soy como los demás hombres, extorsionadores, injustos,

SHABAT

adúlteros, ni siquiera como este recaudador de impuestos. Ayuno dos veces por semana. Doy el diezmo de todo lo que recibo.' Pero el recaudador de impuestos, estando lejos, ni siquiera levantaba los ojos al cielo, sino que se golpeaba el pecho, diciendo: '¡Dios, ten misericordia de mí, pecador!' Les digo que este hombre descendió a su casa justificado antes que el otro; porque todo el que se enaltece será humillado, pero el que se humilla será enaltecido".

Esta parábola nos enseña que todos somos pecadores y que heredamos este pecado del primer hombre, Adán, que pecó contra Elohim. El pecado es la muerte; " Porque la paga del pecado es muerte, pero el regalo gratis de Dios es vida eterna en Yeshua el Mesías nuestro Señor. " (Romanos 6:23).

Quizás te preguntes: "¿Qué tienen que ver estas cosas con el Shabat?".

El Shabat es lo que trae la salvación y la liberación. El Shabat nos señala a Yeshua el Mesías como la casa del reino de Elohim. Yeshua es el poder que derriba la muerte, y nos da el poder de vencer a la muerte (a través de Él). Yeshua es la señal y la marca para entrar en el Reino de Elohim. Él es quien nos da el perdón, y sólo mediante el arrepentimiento podemos volver a la pureza y a la salvación.

Shabat proviene de la palabra raíz "Sheen Bet Tav".

Sheen en hebreo

Pronunciada "shin", significa apretar, cambiar, dentellar, afilar o volver. Número 300.

LOS TIEMPOS DESIGNADOS DE YHVH ELOHIM

ב

Beyt en hebreo

Beyt significa casa, familia o casa de Dios. Es la segunda letra del alfabeto. Es el número dos.

ת

Tav en hebreo

Tav significa marca, señal o signo. Es la letra 22 del alfabeto hebreo.

El Shabat tiene que ver con la libertad. Elohim liberó a los israelitas de la esclavitud. Trabajaban todos los días sin un día libre. Imagínese tener que trabajar siempre sin tomarse tiempo de descanso. Esto es como trabajar por su salvación todos los días, tratando de liberarse del pecado. El pecado no puede liberarse del pecado. Es como estar encerrado en la cárcel sin ninguna forma de escapar. Sin embargo, Elohim YHVH nos dio una salida. Nos dio un regalo, que es el Shabat, y descansar en el Shabat se encuentra en Yeshua.

Yeshua el Mesías se ofreció a sí mismo una sola vez para llevar los pecados de muchos (Hebreos 9:28).

Dijo en Mateo 12:8: "Porque el Hijo del Hombre es Señor del Shabat".

SHABAT

Entonces, ¿qué o quién es el Shabat?

Shabat es Yeshua el Mesías, cuyo propio nombre significa "Salvación" o "El Señor salva". Él es quien murió y derramó Su sangre para que la humanidad pueda ser limpiada de sus pecados y tener la reconciliación, la unidad y la vida eterna, así como todos los beneficios que conlleva. Él es quien nos da descanso y unidad.

"Les daré un solo corazón unidos y un solo camino, para que me teman para siempre, para su bien y el de sus hijos después de ellos " (Jeremías 32:39).

Debemos poner nuestra confianza en Yeshua, el Mesías. Esto es lo que significa el Shabat.

Está escrito en Romanos 6:16: "¿No saben que cuando se presentan como siervos y obedecen a alguien, son siervos de quien obedecen; ¿Ya sea del pecado para muerte, o de la obediencia a la justicia?"

Sólo en Yeshua encontramos descanso y justicia. Sólo en Él dejamos de seguir intentando conseguir nuestra propia salvación. Sólo en Él encontramos libertad y descanso. Sólo en Él el Shabat y el resto de los tiempos señalados tienen algún significado. Él es el único que puede ayudarnos a superar cualquier desafío o situación en nuestras vidas. Podemos intentar arreglarlo nosotros mismos, pero sin Él, nuestros esfuerzos resultarán inútiles.

Ahora, cuando fue a Nazaret, donde se había criado, en el día de Shabat fue a la sinagoga como de costumbre. Se levantó para leer, y le dieron el rollo del profeta Yesha'yahu/ Isaías.

LOS TIEMPOS DESIGNADOS DE YHVH ELOHIM

Desenrollando el rollo, encontró el lugar donde estaba escrito, **"El Espíritu de YHVH está sobre mí, porque me ha ungido para predicar buenas nuevas a los pobres. Me ha enviado a sanar a los quebrantados de corazón, a proclamar liberación a los cautivos, restaurar vista a los ciegos, a librar a los abatidos y a proclamar el año agradable de YHVH"** (Lucas 4:18-19).

El Shabat es la esencia misma de quién es Yeshua. En otras palabras, Yeshua es la esencia del Shabat. Cuando descansamos en Yeshua y en Su salvación, encontramos shalom, o paz, para nuestras almas. Por lo tanto, es importante observar el Shabat.

El Shabat es una realización interior en el espíritu que sólo puede obtenerse a través de Yeshua el Mesías. El Shabat es también una acción física. Tiene que ver con la obediencia y con obedecer lo que las Escrituras nos dicen que hagamos porque a través de la obediencia viene la confianza y el amor. Al confiar en Yeshua, el Mesías, podemos obtener amor. La Biblia nos dice que aquellos que no aman no conocen a Elohim, porque Elohim es amor (1 Juan 4:8).

Tomemos, por ejemplo, Levítico 26:2, que dice: "Guarden mis shabatot y reverenciar mi santuario; yo soy YHVH".

La única manera de cumplir este mandamiento es siendo obedientes. No tenemos que entenderlo todo al principio, pero a medida que leemos las Escrituras y hacemos lo que Elohim dice, ganamos sabiduría, conocimiento y comprensión. Además, confiando en Yeshua nos ayudará y asiste, a través del Espíritu Santo, a ser obedientes.

El Shabat tiene muchas fases; se remonta hasta el mismo libro del Génesis. El Shabat se estableció desde el principio.

SHABAT

La salvación y el descanso estaban disponibles para toda la humanidad. Es una acción porque Elohim lo hizo. Él participó en el Shabat. Por lo tanto, Shabat también se refiere a algo que está terminado o completado. Cuando Elohim hizo y creó todo lo que creó, **Él descansó**.

Esto es lo que significa el Shabat. Estamos completos en Yeshua, el Mesías. En Él estamos completos; no nos falta nada. Elohim se tomó ese descanso para hacer una pausa y disfrutar de todo lo que había creado. Estaba todo hecho y cumplido.

¿Ha pensado alguna vez por qué Yeshua dijo: "Todo está cumplido" (Juan 19:30)?

Todo estaba listo desde el principio hasta que el pecado entró a través de Adán y Eva. Así pues, desde el principio, la redención y la salvación se pusieron en marcha. Desde el mismo momento en que Elohim descansó sobre todo lo que había creado, la acción redentora de Yeshua se puso a disposición de toda la humanidad para redimir a toda la humanidad del pecado. Desde el principio, hubo una fórmula para la victoria y un código para la vida que no podían romperse porque habían sido establecidos por Elohim.

Está terminado. Él acabó con la condena de la muerte eterna. Cuando Elohim creó todo, Él también dio seguridad para derrotar al pecado porque sabía que el pecado se infiltraría, pero el pecado ya había sido derrotado.

Yeshua, al explicar Su muerte y la venida de la Ruaj o el Espíritu Santo, también mencionó el destino del pecado; "Cuando él venga, convencerá al mundo del pecado, de la justicia y del juicio; del pecado, porque no creen en mí; de la justicia, porque

LOS TIEMPOS DESIGNADOS DE YHVH ELOHIM

voy a mi Padre, y ya no me verán más; acerca del juicio, porque el príncipe de este mundo ya ha sido juzgado" (Juan 16:8-11).

El "Él" utilizado en este contexto se refiere al Espíritu Santo.

¿De dónde procede el Shabat?

Shabat proviene de Elohim. Según Génesis 2:3, "Los cielos, la tierra y todo fueron acabados. En el séptimo día Elohim acabó el trabajo que había hecho; y reposó el día séptimo de todo el trabajo que había hecho. Elohim bendijo el séptimo día y lo santificó, porque reposó en él de todo el trabajo de la creación que había hecho".

Fíjese cuando lea Génesis capítulo 2 versículo 3, el versículo 4 comienza relatando lo que sucedió.

Génesis 2:4: " Esta es la historia de las generaciones de los cielos y de la tierra cuando fueron creados, el día que YHVH Elohim hizo la tierra y los cielos".

Elohim descansó en Su acción completa, así que, si Él está en Su descanso, nosotros también estamos en ese descanso una vez que ponemos nuestra confianza en Yeshua el Mesías y seguimos haciendo lo que Él dice en obediencia cada día. Esto significa que dejamos atrás nuestra vida de pecado y le seguimos cada día. Tomamos la decisión cada día de ser obedientes y caminar en Sus caminos hasta que Él regrese y todo lo que se ha propuesto sea completado. Él descansó el séptimo día, completando el número siete.

Claro, vivimos en este mundo lleno de pecado, lo que hace que nos sea difícil desistir de él, pero cuando estamos en Él y si

SHABAT

nos arrepentimos de nuestros pecados, el pecado no debe ser algo que deseemos hacer o planeemos hacer, Yeshua tiene la gracia de perdonarnos todos nuestros pecados. Sin embargo, si un pecador dice que confía en el Mesías pero continúa viviendo una vida de pecado y haciendo cosas que están en contra de Sus mandamientos, entonces está eligiendo vivir una vida de pecado y muerte.

He aquí algunos recordatorios de que debemos continuar en obediencia a Sus mandamientos:

Hebreos 6:4-6: "Porque en cuanto a los que una vez fueron iluminados y Han probado el regalo celestial, y fueron hechos participantes del Espíritu Santo, y les gustaron la buena palabra de Dios y los poderes del siglo venidero, y luego cayeron, es imposible renovarlos nuevamente para el arrepentimiento; Viendo que otra vez crucifican para sí nuevamente al Hijo de Dios, y lo exponen a vergüenza pública."

1 Corintios 15:1-2: "Ahora les declaro, hermanos, la buena nueva que les prediqué, la cual también recibieron, en la cual también están firmes, en la cual también serán salvos si retienen firmemente la palabra que les prediqué, porque si No se aferran a sus creencias, creyeron en vano".

Mateo 7:21-23: " No todo el que me dice: Señor, Señor, entrará en el Reino de los Cielos, **sino el que hace la voluntad de mi Padre** que está en los cielos. Muchos me dirán en aquel día: 'Señor, Señor, ¿no profetizamos en tu nombre, en tu nombre expulsamos demonios, y en tu nombre hicimos muchos milagros?' Entonces les diré: 'Nunca te conocí'. **Apártense de mí, hacedores de iniquidad**".

LOS TIEMPOS DESIGNADOS DE YHVH ELOHIM

Apocalipsis 3:11: "Vengo rápido! Sostiene con firmeza lo que tienes, para que nadie te quite la corona".

Ahora, recuerde lo que dijimos sobre la obediencia y cómo el Shabat es Yeshua. También, recuerde lo que dijimos acerca de que el Shabat es tanto una acción espiritual como física y también acerca de lo que Yeshua dijo en Juan 14:15: "Si me aman, obedecerán mis mandamientos."

De nuevo, ¿qué es el Shabat?

Shabat es Yeshua.

Juan 1:1-3: "En el principio existía la palabra, y la palabra estaba con Dios, y la palabra era Dios. Él estaba con Dios en el principio. Todas las cosas llegaron a ser por medio de él, y sin él nada de lo creado tuvo existencia"

¿Qué es entonces el Shabat?

El Shabat es un mandamiento.

Éxodo 20:8-11: "Acuérdate del día, Shabat, para apartarlo para Dios. Seis días trabajarás y harás todo tu trabajo, pero el séptimo día es Shabat para YHVH tu Elohim. No harás en ella ningún trabajo, ni tú, ni tu hijo, ni tu hija, ni tu siervo, ni tu sierva, ni tu ganado, ni tu extranjero que está dentro de tus puertas; porque en seis días hizo YHVH los cielos y la tierra, el mar y todo lo que en ellos hay, y descansó el séptimo día; Por eso YHVH bendijo el día del sábado y lo santificó".

Éxodo 23:12: "Seis días debes trabajar. Pero el séptimo día descansarás, para que descansen tu buey y tu asno, y el hijo de tu siervo, y el extranjero se repongan".

SHABAT

¿Qué es entonces el Shabat?

El Shabat es una señal.

Éxodo 31:12-15: "YHVH habló a Moshé, diciendo: Habla también a los hijos de Israel, diciendo: Ciertamente guardaras mis sábados; porque es una señal entre mí y ustedes por sus generaciones, para que sepan que yo soy YHVH que los santifico. Por lo tanto, guardaran el sábado, porque es un día santo para ustedes. Todo el que la profane, ciertamente morirá; porque cualquiera que haga algún trabajo allí, esa alma será cortada de entre su pueblo. Seis días se trabajará, pero el séptimo día será sábado de reposo solemne, santo a YHVH. Cualquiera que haga cualquier trabajo en el día de reposo, ciertamente morirá".

¿Qué es entonces el Shabat?

El Shabat es obediencia.

Isaías 58:13-14: "Si sostienes tu pie en el día de Shabat para no hacer tu voluntad en mi día santo; y llamas al Shabat una delicia, el día santo de YHVH, y honorable; entonces hónralo no haciendo tus propias cosas ni persiguiendo tus intereses ni hablando tus propias palabras. Si lo haces, encontrarás deleite en YHVH y te haré cabalgar sobre las alturas de la tierra y te alimentaré con la herencia de Jacob tu padre, porque la boca de YHVH ha hablado".

Ezequiel 20:11: "Les di mis leyes y les mostré mis reglas; **si una persona las obedece**, vivirán por medio de ellas."

LOS TIEMPOS DESIGNADOS DE YHVH ELOHIM

¿Qué es entonces el Shabat?

<u>El Shabat es santidad.</u>

Deuteronomio 5:12-14: "Observa el día de Shabat, para apartarlo como **santo**, como YHVH tu Elohim los ha mandado. Seis días trabajarás y harás todo tu trabajo; Pero el séptimo día es Shabat en honor de YHVH tu Elohim; En él no harás ningún trabajo, ni tú, ni tu hijo, ni tu hija, ni tu siervo, ni tu sierva, ni tu buey, ni tu asno, ni ninguno de tus animales, ni tu extranjero que esté dentro. tus puertas; para que tu siervo y tu sierva descansen tan bien como tú."

Santo significa apartado, reverencia, sacralidad, perfecto, trascendente, puro, ausente de pecado, perfecto y diferente.

Levítico 19:2: " Habla a toda la congregación de los hijos de Israel y diles: "Serán santos; porque yo, YHVH tu Elohim, soy santo ".

¿Por qué debemos observar el Shabat?

<u>El Shabat es una conmemoración.</u>

Debemos recordar lo que Yeshua hizo por nosotros. La razón por la que debemos observar el Shabat es para recordarnos a nosotros mismos que, en un tiempo, fuimos esclavos del pecado, pero gracias a Yeshua, tenemos libertad.

"Recuerda que fuiste siervo en la tierra de Egipto, y YHVH tu Elohim te sacó de allí con mano fuerte y brazo extendido. Por tanto, YHVH tu Elohim les mandó a observar el día de Shabat" (Deuteronomio 5:15).

SHABAT

También, recordar que a través de Él somos santos o apartados o diferentes; "Les di mis shabatot como señal entre yo y ellos para que supieran que yo, YHVH, los santifico" (Ezequiel 20:12).

¿Cuándo debemos observar el Shabat?

Para siempre.

Éxodo 31:16: "Por tanto, los hijos de Israel guardarán el sábado, para observarlo durante sus generaciones, como **pacto perpetuo**".

Cada semana, del viernes por la noche al sábado por la noche o cada séptimo día.

Es una cita continuada con el Rey de Reyes y Señor de Señores. El primer día de la semana es el domingo, por lo que el sábado es el séptimo día, y el día es de tarde a tarde.

"Seis días se trabajará, pero el séptimo día será un Shabat de reposo solemne, santa convocación; no harán ningún tipo de trabajo. Es Shabat para YHVH en todas sus casas" (Levítico 23:3).

¿Cómo sabemos que el sábado es el séptimo día?

Vamos a ver Éxodo 16 y las otras escrituras que hablan de cuando salieron de Egipto:

En el día 14 (horas de luz) de Aviv/Nissan, Yeshua muere alrededor de las 3 de la tarde o así. Entonces es rápidamente retirado de la hoguera antes del atardecer o de la oscuridad porque iba a ser el comienzo del día de descanso del Shabat de los Panes sin Levadura.

LOS TIEMPOS DESIGNADOS DE YHVH ELOHIM

En tiempos de Moshé, esta noche (hacia el final de la Pascua y el comienzo de los panes sin levaduras), los israelitas estaban cenando el cordero, las hierbas amargas y los panes sin levaduras, y Elohim pasó de largo, y no se les permitió salir de sus casas (Éxodo 12:22-23).

Periodo de Tiempo = Miércoles 3 p.m. - Yeshua muere. Miércoles por la tarde - nadie podía salir después de que Elohim pasara por sus casas.

Éxodo 12:36-37: "YHVH le dio favor al pueblo ante los ojos de los egipcios para que les concedieran lo que pedían. Y despojaron a los egipcios. **Y los hijos de Israel partieron de Ramsés a Sucot**, como seiscientos mil hombres de a pie, sin contar los niños".

Salieron de Egipto el día 15 de Aviv/Nissan (horas de luz) o el día de los Panes sin Levadura.

Periodo de Tiempo = jueves por la mañana

Números 33:3-5: "Y partieron de Ramsés en el primer mes, el **día quince Del primer mes; en la mañana del día siguiente de la Pascua, los hijos de Israel salieron con mano poderosa** <u>a la vista de todos los egipcios</u>. Mientras que los egipcios sepultaban a todos los primogénitos que YHVH había matado; YHVH también ejecutó juicios sobre sus dioses. **Y los hijos de Israel partieron de Ramsés y acamparon en Sucot**".

Ahora, revisemos Éxodo 16.

Los israelitas llegaron al Sinaí el día 15 del segundo mes. Les tomó un mes.

SHABAT

Éxodo 16:1: "Siguieron su viaje desde Eilim, y toda la comunidad del pueblo de Israel llegó al desierto de Seen, entre Eilim y el Sinaí, **el día quince del segundo mes después de salir de la tierra de Egipto.**" Así pues, apliquemos aquí un poco de sentido común:

1: Yeshua murió el miércoles 14 de Aviv- La Pascua es del martes por la noche al miércoles por la noche.

2: Esa noche, hacia el comienzo de los Panes sin Levadura, entre las tardes del 14 y el comienzo del 15, tuvieron la cena de la Pascua.

Tome nota: el día 15 por la noche ya era jueves.

3: El 15 de Aviv (temprano el jueves), viajaron. Era luna llena (Números 33:3-5).

4: Les tomo un mes en llegar a Eilim, probablemente en la luna llena de un jueves por la mañana. (Éxodo 16:1).

Ahora, emparejemos las afirmaciones anteriores con los versículos bíblicos y las fechas de Éxodo 16:

El jueves 15 de Aviv por la mañana, llegaron a Elilim:

Números 33:3: "**Partieron de Ramsés en el mes primero, el día quince del mes primero; A la mañana siguiente de la Pascua**, los hijos de Israel salieron con mano poderosa a la vista de todos los egipcios."

Y

LOS TIEMPOS DESIGNADOS DE YHVH ELOHIM

Éxodo 16:1: "Partieron de Elim, y toda la congregación de los hijos de Israel llegaron al desierto de Sin, que está entre Elim y Sinaí, **el día quince del segundo mes después de su salida de la tierra de Egipto.**"

Jueves por la noche de Aviv 15 del segundo mes.

Éxodo 16:6-7: " todos los hijos de Israel: "**Por noche** se darán de cuenta que YHVH los ha sacado de la tierra de Egipto. Por la mañana verán la gloria de YHVH."

Jueves por la noche del 15 de Aviv del segundo mes.

Éxodo 16:12: "He oído las quejas del pueblo de los hijos Israel. Diles '**Al atardecer** comerán carne, **y por la mañana se saciarán de pan**'. Entonces sabrán de que yo soy YHVH su Elohim".

Jueves 15 de Aviv por la noche (yendo hacia el viernes por la mañana del segundo mes).

Éxodo 16:13: "Esa noche aparecieron codornices y cubrieron el campamento; mientras **que por la mañana una capa de rocío cubría todo el campamento**".

Tal vez hicieron esto toda la semana del segundo mes hasta el viernes siguiente:

Moshé les dijo: "Nadie debe dejar nada hasta la mañana". Pero no hicieron caso a Moshé y algunos se quedaron con las sobras hasta la mañana. Crecieron gusanos y se pudrieron, lo que hizo que Moshé se enojara con ellos. **Así que lo recogieron mañana tras mañana**, cada uno según su apetito; pero al calentarse el sol, se derretía."

SHABAT

<u>Viernes, sexto día del segundo mes.</u>

<u>NOTA: "mañana" en el versículo siguiente se refiere al sábado:</u>

"**El sexto día recogieron el doble de pan**, dos gomeres para cada uno; y todos los principales de la congregación vinieron y se lo dijeron a Moisés. Él les dijo: Esto es lo que YHVH ha dicho: **Mañana es un día de reposo solemne, Shabat santo para YHVH.** Hornea lo que quieras hornear y hierve lo que quieras hervir; y todo lo que sobra, guárdenlo hasta la mañana.'" Lo guardaron hasta la mañana, como Moshé ordenó, y ninguno se pudrió ni se llenaron de gusanos. Moshé dijo: "Coman eso hoy, porque hoy es sábado de Shabat para YHVH. Hoy no lo encontraran en el campo. Seis días la recogerán, pero el séptimo día es sábado descanso. En él séptimo día no habrá ninguno". El séptimo día, algunos del pueblo salieron a recoger, y no encontraron nada".

Otra razón por la que el Shabat es el sábado:

Porque Israel lo ha estado haciendo durante generaciones.

Cómo celebrar el Shabat:

Éxodo 16 nos dice cómo se instituyó el Shabat, y que que se debe trabajar durante seis días, y el séptimo día es un día de descanso, física y espiritualmente, en Yeshua el Mesías. Una persona debe prepararse haciendo todo lo concerniente al trabajo en los seis días, pero en el Shabat hay descanso. Cuando lee Éxodo 16, aprenderá que los hijos de Israel tenían que recolectar lo que quisieran del maná en el sexto día el cual, los sostendría a su satisfacción deseada para el día de descanso.

LOS TIEMPOS DESIGNADOS DE YHVH ELOHIM

¿Esto qué significa?

Significa que debemos confiar en que Yeshua suplirá todas las cosas, incluso el día que no estemos trabajando. En Shabat, todos los hijos de Israel estaban satisfechos y no les faltaba nada, lo que debería decirnos que la confianza funciona. Debemos confiar en que Yeshua nos proveerá en este día libre. Debemos confiar en Él. Debemos hacerlo físicamente porque es difícil no trabajar y no hacerlo por nosotros mismos. Debemos hacerlo físicamente porque tenemos que cesar todo lo que hacemos referente a trabajar, pagar nuestras cuentas, comprar comida y comprar las cosas que queremos, como ropa y otras cosas personales. Debemos detenernos completamente y confiar en que El suplirá en el séptimo día como si estuviéramos trabajando ese día.

Entonces, ¿qué debe hacer?

1. No trabaje.

2. Tenga una convocación santa, lo que significa congregarse con otros creyentes a propósito para escuchar y hablar de la palabra de Elohim. Tenga en cuenta que el séptimo día es el sábado, no el domingo. El domingo no es el día de Shabat o el día de descanso, según las Escrituras.

" No añadirás a la palabra que yo te mando, ni quitarás de ella, para que guardes los mitzvot de YHVH tu Elohim que yo te mando " (Deuteronomio 4:2).

Traducción: Mitzvot = mandamientos.

Una vez que conozca la verdad, observando el Shabat cuando uno quiera tiene un nombre: se llama desobediencia. No existe

SHABAT

tal cosa como que el sábado sea su Shabat y el domingo sea mi Shabat, o que el martes sea el Shabat de otra persona, y así sucesivamente. Yeshua es uno, y Él no le dirá que desobedezca un mandamiento, porque Yeshua observó el Shabat.

3. Estudie y pase tiempo con Elohim.

4. Alabe y adore.

5. Descanse físicamente del trabajo físico de la semana.

6. Compre durante la semana los alimentos que desea comer en Shabat para estar preparado para el Shabat.

El Shabat es un día muy especial porque es una cita que tenemos con Yeshua el Mesías cada semana.

Durante el tiempo que Yeshua estaba en la tierra, los maestros de la ley reinventaron el significado del Shabat con muchas reglas, regulaciones y tradiciones hechas por ellos. Esto es lo que les ocurrió a muchos líderes que trabajaron en el templo. Se olvidaron de Elohim y añadieron muchas reglas y tradiciones que no tenían nada que ver con Yeshua.

¿Qué dijo Yeshua básicamente que hiciéramos en Shabat?

Mateo 12:12 afirma: "¡Cuánto más valioso es un hombre que una oveja! Por lo tanto, **está permitido hacer el bien en Shabat**".

Lo que hace a una persona ser buena es confiar en Yeshua el Mesías y hacer lo que él dice. La regla más importante durante el Shabat es abstenerse de hacer cualquier trabajo en ese día. En Shabat, disfrute de su día libre, pase tiempo con su

LOS TIEMPOS DESIGNADOS DE YHVH ELOHIM

familia y amigos, disfrute aprendiendo sobre Yeshua el Mesías y disfrute congregándose con otros creyentes, ya sea en una sinagoga, en una congregación doméstica o con miembros de su familia. Si por alguna razón hay que trabajar, debemos hacer el bien en Shabat.

Cuando leemos Éxodo 16, que habla sobre el Shabat, encontramos que algunas personas estaban siendo desobedientes, y Elohim se disgustó.

Éxodo 16:27-30: "Sin embargo, el séptimo día, algunas personas del pueblo salieron a recolectar y no encontraron nada. **YHVH le dijo a Moshé: '¿Hasta cuándo se negarán a observar mis mandamientos y leyes?** He aquí, YHVH les ha dado el Shabat. Por eso les da pan para dos días en el sexto día. Cada uno de ustedes, quédese donde está; nadie debe abandonar su lugar en el séptimo día'. Así, el pueblo descansó el séptimo día".

Esto nos muestra que es muy importante para Elohim que observemos el Shabat.

Ahora, por supuesto, Yeshua entiende si, por una razón u otra, usted hace algo en Shabat que no tiene por costumbre hacer, o si trabaja en Shabat no porque usted quiera sino porque su empleador no quiere darle el día libre. O tal vez tenga que cuidar a un enfermo, o haya guerra, etc. Sin embargo, si tiene su propio negocio, por supuesto, puede tomarse el día libre ya que usted es su propio jefe. Recuerde que Él es el Shabat, y el objetivo principal es seguir Su voluntad y ser bueno. Observar físicamente el Shabat sin saber quién es Yeshua o sin confiar en Él no significa nada. Yeshua es nuestro descanso; sin Él, no hay Shabat, o no estamos en Su descanso.

SHABAT

Tradicionalmente, los viernes por la noche, las familias se reúnen y cenan. Algunos descansan, otros van a la sinagoga, algunos salen a pasear, etc. Un elemento popular en la mesa es el pan, también llamado challah. (Puede buscar las recetas en el Internet).

LOS TIEMPOS DESIGNADOS DE YHVH ELOHIM

Tradicionalmente, en Shabat, la mujer de la casa canta una oración y se encienden dos velas para dar la bienvenida al Shabat, pero esto no está en la Biblia; es tradición. Él no ordena encender ninguna vela ni rezar ninguna oración. Si va a hacerlo, debe tener cuidado con la oración que dice porque no quiere desviarse de las Escrituras, y debe tener en cuenta que no es algo que Él le exija.

SHABAT

Una foto de una mujer con la menorá

Baruch Ata

Baruch Ata Adonai Eloheinu Melech Haolam
Aher Kideshanu Bemitzvotav V'tsivanu Lehiyot
V'natan Lanu et Yeshua Meshicheneinu o Ha Olam

Bendito seas

Bendito seas Señor rey del Universo
Que nos santificó con sus mandamientos
Y nos ordenó/dijo que fuéramos una luz en el mundo
Y nos dio a Yeshua el Mesías
la luz del mundo.

SHABAT

Otras cosas que hacer en Shabat según la tradición:

La tradición puede ser un gran problema, y tenga en cuenta que no tiene que hacer ninguna cosa tradicional. Por esta razón no es difícil guardar el Shabat. Las Escrituras nos dicen en 1 Juan 5:3: "Porque esto es amar a Dios, que guardemos sus mandamientos. Sus mandamientos no son gravosos."

Otros aspectos del Shabat - El descanso de la tierra.

Las Escrituras también mencionan el descanso del Shabat para la tierra. Al igual que los seres humanos tienen un Shabat de descanso en el séptimo día, la tierra también descansa.

¿Qué significa esto?

1. El Shabat de descanso de la tierra, que se produce cada séptimo año, se conoce como la Shmitá. שְׁמִטָּה

Shmittah significa "soltar", "liberar", "remisión" o "liberación". (Deuteronomio 15:2)

Después de cada séptimo año, la tierra debe descansar de cualquier cultivo. (Levítico 25:1-8)

2. El descanso del Shabat se produce a lo largo de siete ciclos de siete años, siendo el año 50 un Yobel וֹבֵל o Jubileo.

En Yom Kippur, debemos hacer sonar el shofar para proclamar el Año del Jubileo. Yobel significa Jubileo, el sonido de la trompeta/shofar. Jubileo (Lev 25:11,12,13); cuerno de Carnero (Éxodo 19:13).

LOS TIEMPOS DESIGNADOS DE YHVH ELOHIM

Durante el Año de Yobel, ocurren tres cosas:

1. Descanso
2. Libertad de los esclavos
3. Restitución de tierras

Tanto en la shmitta como en el Yovel, la tierra descansa de la agricultura, lo que significa que la tierra, la gente que trabajaba en la tierra y los propietarios de la tierra tuvieron que dejar de trabajar y producir. Tenían que depender únicamente de Elohim para Su provisión de alimentos y todo lo demás. Durante estos años en particular, Elohim haría producir lo suficiente para que todos comiesen de la tierra.

"El producto sabático de la tierra les servirá de alimento; para ti, para tu siervo, para tu sierva, para tu forastero y para tu extranjero que vive contigo como extranjero. También para su ganado y para los animales que hay en su tierra, todo su producto será para alimento" (Levítico 25:6-7).

Durante el Yovel, Elohim restaura la persona interior.

Levítico 25:11-13: "El año cincuenta será un yovel para ustedes; en ese año no sembraran ni, cosecharan lo que crezca por sí solo ni recogerán las uvas de las viñas desatendidas, porque es un yovel. Será sagrado para ustedes; todo lo que produzcan los campos será alimento para todos ustedes. En este año de yovel, cada uno de ustedes deberá volver a la tierra que posee".

Un esclavo en ese entonces no era como los esclavos de los que oímos hablar en la época de Egipto o en la época de la esclavitud en Estados Unidos y en todo el mundo. El tipo de esclavo mencionado en la Biblia es diferente. Si una persona pobre poseía tierras y tenía dificultades para sostenerse con su agricultura, se le permitía vender sus tierras y a sí mismo

SHABAT

con la condición dada por Elohim de que tanto la tierra como el esclavo fueran liberados en el 50° año. La tierra volvería al propietario original. En otras palabras, Elohim proporcionó un sistema social en el que la persona era restaurada física y espiritualmente. Ningún hombre debía poseer esclavos por la fuerza, y ningún hombre debía perder su tierra a causa de dificultades. Toda deuda debía ser perdonada para ayudar a restaurar la persona interior.

Yeshua no se dedica a tomar, sino a restaurar, dar, amar y cuidar.

El Shabat, por tanto, es más que todo aquello de lo que hemos hablado. El Shabat es descansar en algo que se puede alcanzar a través de Yeshua. Es descansar en algo que da un sentido interior de pertenencia especial. Es descansar en alguien que ama profundamente, se preocupa profundamente y murió profundamente para que cada ser humano pueda tener una sensación de amor y una vida existente que importe. El Shabat es la profunda conexión y comunión con el Creador del universo que va mucho más allá de lo que podamos imaginar. Y una vez que usted consigue esa profunda relación y obediencia con Yeshua, es como Pablo dijo en Romanos 8:38-39: "Porque estoy convencido de que ni la muerte ni la vida, ni los ángeles ni otros gobernantes celestiales, ni lo que existe ni lo que vendrá, ni los poderes de arriba ni los de abajo, ni ninguna otra cosa creada podrá separarnos del amor de Dios que nos llega por medio del Mesías Yeshua, nuestro Señor."

El Shabat, en su infinita sabiduría, establece entonces el precedente para el resto de los tiempos señalados, porque cada uno de los siguientes siete tiempos señalados tiene algo que ver con el descanso; en otras palabras, cada uno tiene algo que ver con el Shabat.

LOS TIEMPOS DESIGNADOS DE YHVH ELOHIM

Plato de Pascua

3
EL TIEMPO DESIGNADO DE LA PASCUA

"YHVH dijo a Moshé: 'Di al pueblo de Israel, 'Los tiempos señalados por YHVH que has de proclamar como santas convocaciones son mis tiempos señalados'" (Levítico 23:1-2).

¿Qué es la Pascua?

La Pascua en hebreo se conoce como "Pésaj", que significa "pasar con compasión". La Pascua nos habla de la historia del perdón y la redención obtenidos a través de la sangre de Yeshua, el Mesías. Es la historia de cómo los israelitas fueron liberados de la esclavitud y de la muerte mediante la aplicación de la sangre a sus puertas. También es nuestra historia de cómo hemos sido liberados del pecado y de la muerte cuando elegimos aplicar la sangre de Yeshua el Mesías en nuestras vidas.

Éxodo 12:21-22 nos dice: "Entonces Moshé convocó a todos los lideres de Israel y les dijo: 'Seleccionen y tomen corderos para sus familias, y sacrifiquen el cordero de Pésaj. Toma un manojo de hojas de hisopo y mójalo en la sangre que hay en la vasija, y unta con ella los dos lados y la parte superior del marco de la puerta. Luego, ninguno de ustedes debe salir de la puerta de su casa hasta la mañana'".

"Así también Yeshua sufrió la muerte fuera del portón, para santificar al pueblo con su propia sangre" (Hebreos 13:12).

¿Ha pasado alguna vez por pruebas difíciles que parecían durar para siempre? ¿Pruebas que le abaten y le producen estrés, depresión y ansiedad? ¿Pruebas que le ponen en un rincón, en un escondite, mientras clama a Elohim? ¿Está pasando hoy por una prueba? Se pregunta por qué le está sucediendo a usted. ¿Ha pasado por tribulaciones o pruebas que le hicieron gritar desesperadamente pidiendo ayuda, o una prueba en la que lágrimas cálidas saturaron su cara? ¿Quizá una prueba con un amigo, su cónyuge, su salud, su trabajo, la pérdida de un familiar, la ley o sus finanzas? ¿Ha tenido pruebas que le hicieron arrodillarse, pidiendo ayuda a Elohim? ¿O una que lo llevó a algún rincón, tratando de esconderse mientras buscaba respuestas?

Las Escrituras nos dicen que durante Pésaj hubo una persona que sufrió y también experimentó muchas pruebas, sufrimiento, dolor y dificultades. Una persona que estaba destrozada por el dolor físico y emocional. Yeshua, tuvo que enfrentarse a pruebas que finalmente le llevaron a la muerte.

La Pascua es un tiempo señalado de יהוה (YHVH) Elohim. Es el día de la preparación y se agrupa como un solo Tiempo Señalado o Días de Fiesta con los siete días de los panes sin levadura y el día de las primicias. Sin embargo, son tres fiestas separadas. Tienen lugar en la primavera, durante el primer mes del calendario de Elohim. Así que, para Elohim, el comienzo del año, no importa dónde viva, empieza en la primavera, en el mes de Aviv, a finales de marzo o comienzo de abril, o ligeramente

EL TIEMPO DESIGNADO DE LA PASCUA

a principios de mayo en el calendario gregoriano. Vivimos en un mundo caído, con información falsa y engañosa sobre el Año Nuevo. Un país cree esto y otro país cree aquello. Pero no importa cuál sea el calendario civil de cada país, el calendario bíblico de Elohim es la verdad, y seguirá siendo el mismo para siempre. Como creyente, uno no debe sucumbir a la presión social. En lugar, uno debe atarse a la verdad de la palabra de Elohim.

"Este mes será para ustedes el principio de los meses; será el primer mes del año para ustedes" (Éxodo 12:2).

Hablaremos de la Pascua, que tiene lugar el día 14 del mes de Aviv, también conocido como el mes de Nisán, o simplemente el día 14 del primer mes. Los Panes sin levadura tienen lugar el día 15 de Aviv y los Primeros Frutos se celebran el día después del Shabat semanal indistintamente porque están relacionadas entre sí.

¿Por qué debe observar la Pascua?

Porque es un mandamiento. (Levítico 23)

La Pascua es un día de preparación en el que Elohim pasó por encima de los hijos de Israel cuando la sangre estaba en el umbral de sus puertas. Hoy, si usted confía en Yeshua, Su sangre proveerá protección y misericordia sobre usted también. Cuando aplique la sangre en su vida, la muerte pasará de largo.

"Lo guardarás hasta el día catorce del mismo mes; y toda la asamblea de la congregación de Israel lo matará al atardecer. Tomarán un poco de sangre y la pondrán en los dos postes de las puertas y en el dintel de las casas en que la comerán. Aquella noche comerán la carne asada al fuego, con panes sin levadura. Lo comerán con hierbas amargas" (Éxodo 12:6-8).

LOS TIEMPOS DESIGNADOS DE YHVH ELOHIM

Estará pensando: "¿Qué? No voy a sacrificar un cordero o una cabra. Esto es una locura".

Como sabes, ya no se necesitan animales para el perdón de los pecados porque Yeshua cumplió este sacrificio de una vez por todas para toda la humanidad. Sin embargo, el mandamiento de celebrar estas citas especiales siguen vigentes.

En Mateo 5:17, Yeshua nos dice: "No pienses que he venido a destruir la Torá o los Profetas. No he venido a destruir sino a completar".

En otros lugares también dice: "Estas son una sombra de las cosas que vendrán, pero el cuerpo es del Mesías" (Colosenses 2:17).

Ahora, vamos a ver el versículo 18 de Mateo 5:

Mateo 5:18: "¡Sí, en verdad! les digo que hasta que pasen el cielo y la tierra, no pasará ni una yud o una tilde de la Torah hasta que haya sucedido todo lo que tiene que suceder".

Un yud, o un trazo, es la letra más pequeña del alfabeto hebreo, es decir, la letra más pequeña o algo más pequeño que la letra más pequeña. Esto significa que nada pasará hasta que haya ocurrido todo lo que debe ocurrir.

Además, Mateo 5:18 puede convertirse en una pregunta:

¿Han desaparecido la tierra y el cielo?

La respuesta es no. Yeshua nos dice que "hasta que pasen el cielo y la tierra, no pasará ni un yud ni un trazo de la Torá, hasta que pase todo lo que tiene que pasar".

EL TIEMPO DESIGNADO DE LA PASCUA

La Pascua, o el día de preparación del 14 de Aviv, es sólo un día de preparación.

¿PREPARACIÓN PARA QUÉ?

Piense en esto: Yeshua es un día de libertad y liberación del patrón de la esclavitud llamada muerte.

"Cuando ya había anochecido, porque era el día de la preparación, es decir, la víspera del Shabat, llegó José de Arimatea, un destacado miembro del consejo que también esperaba el Reino de Dios. Se presentó con valentía ante Pilato y le pidió el cuerpo de Yeshua" (Marcos 15:42).

Los corderos fueron sacrificados el día 14 de Aviv alrededor de la tarde. Este es el día en que murió Yeshua. La tarde, en términos bíblicos, es entre las 3 p.m. y las 6 p.m. Éstas eran las horas en que la gente iba al templo a sacrificar los corderos. Y debían participar en la cena de Pascua en el anochecer del día 14 o al principio o comienzo del día 15 de Aviv, cual es el primer día de la fiesta de los panes sin levadura. Recuerde que, en el calendario hebreo, el día comienza por la tarde.

La cena consistía **SÓLO en**:

<u>Cordero, hierbas amargas, pan sin levadura y muy probablemente vino.</u> (Éxodo 12:8)

Hoy en día, si usted come el cordero durante la cena de Pascua, es sólo para recordar que Yeshua fue inmolado como el cordero. Es sólo un símbolo, como comer el pan y beber el vino o el jugo como símbolo de participar de Su cuerpo y su sangre.

LOS TIEMPOS DESIGNADOS DE YHVH ELOHIM

"Al día siguiente, Juan vio a Yeshua que venía hacia él y dijo: '¡He aquí El cordero de Dios! El que quita el pecado del mundo'". (Juan 1:29)

Regresemos brevemente a Marcos 15:42 para explicar algo muy crucial. Dice que el día de la preparación era el día anterior a un Shabat. ¿Se ha fijado en que dice "un Shabat"? Mucha gente pensará inmediatamente que se refiere al séptimo día del Shabat semanal. Sin embargo, en este caso, no está hablando del séptimo día del Shabat semanal sino de UN SHABAT.

¿De qué Shabat se trata?

Recuerde que estos tres tiempos señalados están interrelacionados. El Shabat se <u>refiere aquí al día de los Panes sin Levadura</u>. Este día también se considera un Shabat, o día de descanso.

¿Qué ocurrió entonces, durante el Éxodo, el día de la comida?

Según Éxodo 12:6: " Lo guardarás hasta el día catorce del mismo mes; y toda la asamblea de la congregación de Israel lo matará al anochecer."

¿Qué ocurrió la noche de la comida en aquel entonces, durante el Éxodo?

1: El Señor Elohim pasó al anochecer, por lo que "se ordenó a los israelitas que permanecieran adentro hasta la mañana" (Éxodo 12:22).

Éxodo 12:12-13 afirma que "Porque aquella noche pasaré por la tierra de Egipto y mataré a todo primogénito en la tierra de Egipto, tanto de hombres como de animales. Ejecutaré juicios contra todos los dioses de Egipto, porque yo soy YHVH! Pero

EL TIEMPO DESIGNADO DE LA PASCUA

la sangre en los postes de sus puertas les servirá de señal, para marcar sus casas donde se viven. Cuando vea la sangre, pasaré de largo y la plaga de muerte no los tocará cuando destruya la tierra de Egipto".

2. Muere el primogénito de Egipto.

Según Éxodo 12:29-30, "A medianoche, YHVH mató a todos los primogénitos en la tierra de Egipto, desde el primogénito del Faraón sentado en su trono hasta el primogénito del prisionero en el calabozo, y a todos los primogénitos del ganado. El faraón se levantó por la noche, él, todos sus siervos y todos los egipcios; y hubo horrendos lamentos en Egipto, pues no había una sola casa sin un muerto dentro."

Entonces, Elohim, al ver la sangre en las puertas, pasó de largo, de modo que la muerte no entró. Cenaron y se le dijo a los israelitas que no salieran de sus casas esa noche (Éxodo 12:22).

¿Qué noche es ésta?

El final de la Pascua y el comienzo de los Panes sin Levadura. En otras palabras, entre el final del día 14 de Aviv y el comienzo de la noche del 15 de Aviv. Durante el comienzo de la noche del 15 de Aviv, o durante la noche del 15 de Aviv, a medianoche, todos los que no tenían sangre en sus puertas murieron.

¿Qué ocurrió la mañana del 15 de Aviv?

Números 33:3-4 nos dice que "Partieron de Ramsés en el primer mes. El decimoquinto día del **primer mes, la mañana después del Pésaj**, el pueblo de Israel salieron con mano poderosa a la vista de todos los egipcios; mientras los egipcios enterraban a aquellos de entre ellos a quienes **YHVH había matado, YHVH también había ejecutado juicio sobre sus dioses**".

LOS TIEMPOS DESIGNADOS DE YHVH ELOHIM

Una ilustración del Éxodo de Egipto por la
La Compañía Providence Lithograph 1907

EL TIEMPO DESIGNADO DE LA PASCUA

Por esta razon el primer día de los Panes sin Levadura, el 15 de Aviv, es un día libre. Elohim ejecutó el juicio sobre el Faraón, los egipcios y sus supuestos dioses y liberó a los israelitas de la esclavitud, y salieron de Egipto ese día.

Otra cosa importante a tener en cuenta es que Yeshua murió el día 14 de Aviv, la Pascua. Esto en sí mismo revela que el cordero fue matado y comido hacia el final del 14º día. Esto se debe a que no podían haber comido el cordero antes de que muriera o fuera crucificado. Recuerde que el cordero es un símbolo de Yeshua el Mesías.

Al comienzo del día 14, o en otras palabras, al final del día 13 y hacia el comienzo del día 14, Yeshua comió Su cena.

De nuevo, la Pascua es el día de la preparación. ¿PREPARACIÓN PARA ¿QUÉ?

Para el juicio:

Cuando el juicio llega a nuestras vidas y la sangre de Yeshua Mesías no es aplicada a nuestras vidas, la muerte vendrá, tal como vino a los muchos egipcios y a muchas otras personas que decidieron en sus corazones que la sangre no significaba nada en sus vidas, que la sangre no era importante en sus horarios, en sus agendas, o que no era una prioridad en sus vidas. Elohim también separó el último día de los Panes sin Levadura como día libre. Piénselo:

En Éxodo 14, cuando los israelitas llegaron al Mar Rojo, estaban atrapados, rodeados de agua por un lado y de las lanzas del ejército del faraón por el otro. Este fue otro éxodo cuando Elohim los liberó de las garras del Faraón, y Israel no volvieron a ver más a los egipcios. Esto es como cuando Yeshua vino la primera vez a dar Su sangre para

LOS TIEMPOS DESIGNADOS DE YHVH ELOHIM

limpiar nuestros pecados y Él va a regresar la segunda vez para purificarlo todo para que no exista más el pecado.

"Moshé dijo al pueblo: "¡No teman! Manténganse firmes y verán cómo YHVH va a salvarlos. Lo hará hoy, hoy han visto a los egipcios, ¡pero nunca más volverán a verlos! YHVH peleará la batalla por ustedes. Tranquilícense". (Éxodo 14:13-14)

¿Alguna vez se ha sentido molesto o esclavizado por algo? El pecado es lo único que tiene esclavizado a toda persona. Si usted aplica la sangre de Yeshua, la muerte pasará de largo. Yeshua, con Su gran amor, dio Su vida por la tuya. Su amor está presente en tu vida en este mismo momento. Cada vez que te sientas desanimado o tropieces, cuando pongas tu confianza en Yeshua, Él no te pasará de largo con Su gran misericordia y compasión. Él murió por nuestras transgresiones. No hay amor más grande que ese.

Su Pascua es ahora mismo.

La Pascua es un momento para recordar Su amor a través de Su sangre. Y acordarse de la liberación y el éxodo en el tiempo de Moshé, y esa misma liberación está disponible hoy. La Pascua celebra la muerte de Yeshua. Hebreos 11:28. Usted puede decidirse a untar la sangre ahora mismo para que el destructor que quita la vida no pueda tocarle.

El Día de la Preparación, entonces, es un día para prepararse para no ser tocado por el juicio de la plaga de la muerte, y usted puede estar preparado aplicando la sangre del sacrificio de Yeshua en su vida al confiar en Él.

Ahora mismo, usted puede evitar el juicio.

EL TIEMPO DESIGNADO DE LA PASCUA

Puede hacerlo aquí y ahora. Usted puede orar y pedirle a Yeshua que venga a su vida por medio de:

Arrepentimiento de sus pecados

Pedirle perdón y

Permitir que Yeshua sea Señor en su vida.

¿Cuándo es la Pascua y la cena?

La Pascua es el día 14 del mes de Aviv. (Éxodo 12) Tener la cena de Pésaj entre la noche del 14 de Aviv y el comienzo del 15 de Aviv era y es importante para Elohim:

"Es una noche muy observada por YHVH para sacarlos de la tierra de Egipto. Esta es aquella noche de YHVH, muy observada por todos los hijos de Israel a lo largo de sus generaciones " (Éxodo 12:42).

Explicación adicional sobre cuándo comer:

La cena de Pésaj se come en la tarde del 14 día de Aviv.

Digamos que el 14 día de Aviv comienza un martes por la tarde, como sucedió entonces, suponiendo que así fue, y que la tarde o noche del martes es el comienzo del 14 día. Toda la noche y todo el día del miércoles hasta la tarde del miércoles es el 14 día. Yeshua murió alrededor de las 3 de la tarde del miércoles, el 14 día de Aviv de la Pascua. Somos comandados a comer la comida hacia el **final** del 14 día, que será la tarde del miércoles, o el comienzo o el inicio de los Panes sin Levadura el 15 de Aviv (piense en esto como después del tiempo de que Yeshua murió). Por eso el primer día de los Panes sin Levadura o el primer día del 15 de Aviv es un día libre. Así pues, celebramos Pésaj comiendo cordero con maror

LOS TIEMPOS DESIGNADOS DE YHVH ELOHIM

Plato de Pascua

EL TIEMPO DESIGNADO DE LA PASCUA

y pan sin levadura. Se trata de tres fiestas diferentes que se han unidos.

"Y se ha convertido en una carga para ustedes, hasta el día catorce de este mes, y toda la asamblea de la congregación de Israel lo ha sacrificado **entre las dos tardes**" (Éxodo 12:6).

Éxodo 12:6 "
וְהָיָה לָכֶם לְמִשְׁמֶרֶת עַד אַרְבָּעָה עָשָׂר יוֹם לַחֹדֶשׁ הַזֶּה וְשָׁחֲטוּ אֹתוֹ כֹּל קְהַל עֲדַת־יִשְׂרָאֵל **בֵּין הָעַרְבָּיִם**

La palabra Bein **בֵּין** significa "entre" y Ha ar bayim **הָעַרְבָּיִם** significa "la tarde", por lo que entonces la Escritura se está refiriendo a dos tardes "ENTRE LAS TARDES".

"En el primer (mes), **el día catorce del mes, al atardecer**, comerán cosas sin levadura hasta el día veintiuno del mes, al atardecer" (Éxodo 12:18).

לַחֹדֶשׁ בָּעֶרֶב significa La Chodesh Ba Ereb, traducido como "del mes en" o "por la tarde".

Cuando lee Éxodo 12:18, ¿ve la conexión entre el día 14 de Pascua y el día 15 de los Panes sin Levadura?

La conexión es que el 14 de Aviv va hacia el 15 de Aviv, cuál es el día de los Panes sin Levadura <u>en el que sólo se comen alimentos sin levadura hasta el día veintiuno del mes</u>.

Así es como sabemos que la comida es al final del día 14, entrando en el día 15, que es el día de los Panes sin Levadura.

Como hemos visto, Elohim les ordenó que sacrificaran el cordero, pusieran su sangre en sus puertas y permanecieran en sus casas. Pasó por sus casas, y entonces, a medianoche, murió el primer hijo de cada familia. Después de esto, en las primeras horas de la mañana, saquearon a los egipcios, y por la mañana se fueron a la vista de ellos. Este día era el 15 de Aviv. El siguiente versículo muestra **la conexión** de la comida con el 15 de Aviv, o el primer día de los Panes sin Levadura.

Deuteronomio 16:6 dice: "Pero en el lugar que YHVH tu Dios elija para que habite su nombre, allí es donde debes sacrificar la ofrenda de Pésaj, al atardecer, cuando se pone el sol, **en la época del año en que saliste de Egipto**".

¿Cuándo salieron de Egipto? El día de los Panes sin Levadura, el 15 de Aviv.

De nuevo, la Pascua es el día de la preparación. **¿PREPARACIÓN PARA QUÉ?**

Elohim estableció estos tiempos como puros y santos. Un tiempo de perdón y rejuvenecimiento. Un tiempo de liberación, un ascender de categoría de esclavo a amigo, de esclavo a libertad, de ser esclavo de la muerte a siervo de la Vida. Leemos que salieron orgullosos por la mañana a la vista de todos los egipcios (Números 33). No era un secreto, igual que Yeshua no es un secreto. Él fue el cordero sacrificado entonces, y Él es el cordero sacrificado hoy. Lo que significa que Él murió una sola vez para siempre, por todas las personas, por todo. A pesar que en ese entonces utilizaban la sangre de animales, la sangre del cordero inocente y perfecto era y es un símbolo de Yeshua el Mesías.

No se llama pan sin levadura porque no tuvieron tiempo para que su masa subiera, sino porque sólo hay uno que es puro

EL TIEMPO DESIGNADO DE LA PASCUA

y sin pecado. Sólo hay un Redentor, un Salvador: uno que derramó su sangre por nosotros. Uno que murió el 14 de Aviv, miércoles, a las tres de la tarde, y permaneció en la tumba tres días y tres noches antes de resucitar.

"Ante esto, algunos de los maestros de la Torá dijeron: 'Rabí, queremos ver de ti una señal'. Él respondió: '¿Una generación malvada y última pide una señal?

¡No! No se le dará ninguna señal, sino la señal del profeta Yonah. Porque así como Yonah **estuvo tres días y tres noches en el vientre del pez enorme**, así estará el Hijo del Hombre tres días y tres noches en las profundidades de la tierra'" (Mateo 12:38-40).

Muchas personas tienen todo tipo de locas definiciones de lo que constituía un día en aquella época, pero Yeshua nos dice muy claramente el significado de un día, y por esto mismo no debe haber confusión.

"Yeshua respondió: "¿No hay doce horas de luz diurna? Si un hombre camina durante la luz del día, no tropieza; porque ve la luz de este mundo. Pero si un hombre camina de noche, sí tropieza; porque no tiene luz consigo" (Juan 11:9-10).

Él dijo que había doce horas de luz diurna. La lógica y el sentido común dirán que hay 12 horas de noche. Elohim nos dice que debemos usar el sentido común:

Proverbios 2:7-11: "Él guarda el sentido común para los justos, Él es un escudo para los que caminan en integridad, para guardar los rumbos de la justicia y preservar el camino de los que le son fieles. Entonces comprenderás la rectitud, la justicia, la equidad y todo buen camino. Porque la sabiduría entrará en tu corazón, el conocimiento será agradable para tu alma, la discreción te cuidará."

Otras Escrituras que aportan pruebas adicionales de que el día de Elohim constaba de 24 horas:

Génesis 1:3-5: "Elohim dijo: 'Sea la luz'; y fue la luz. Elohim vio que la luz era buena, y Elohim dividió la luz de las tinieblas. Elohim llamó a la luz Día, y a las tinieblas las llamó Noche. Así, hubo tarde y hubo mañana, un solo día".

Levítico 23:32: "Será para ustedes un Shabat de completo descanso, y se negaran a ustedes mismos; _El día nueve del mes, al anochecer, de tarde a tarde, guardaran su Shabat"._

Los versículos anteriores nos muestran que un día tiene 24 horas.

Su muerte durante la Pascua trae la vida:

Hacia la noche del Shabat semanal, Yeshua había resucitado, así que cuando las damas llegaron a la tumba el domingo por la mañana, Él no estaba allí. Él fue nuestro Primeros Frutos. De nuevo, podemos ver la conexión entre las tres fiestas señaladas.

Levítico 23:10-11: "Háblales a los hijos de Israel y diles: 'Cuando hayan entrado en la tierra que les doy y cosechan sus frutos maduros, traerán una gavilla de las primicias de su cosecha al cohen. Él deberá mecer la gavilla ante YHVH, para que sean aceptados; Al día siguiente del Shabat, el Cohen lo agitará".

EL TIEMPO DESIGNADO DE LA PASCUA

De la tarde a la tarde

LOS TIEMPOS DESIGNADOS DE YHVH ELOHIM

La Pascua, la levadura y la limpieza.

La Pascua es un tiempo de preparación para tres acontecimientos culminantes: la muerte de Yeshua el Mesías, que ocurrió el día de la Pascua; el reconocimiento de que Él es el sacrificio que era puro, santo y sin defecto, cual es en la semana de los Panes sin Levadura (en otras palabras, Yeshua fue el sacrificio perfecto que es un simbolismo de él pan sin levadura); y Su resurrección, que muestra que Él es los primeros frutos o el primero en resucitar de la muerte.

Durante el tiempo de la muerte de Yeshua el Mesías, muchas personas fueron a Jerusalén para celebrar las fiestas, y obtuvieron para ellos mismos, un cordero para representar y simbolizar el perdón de los pecados mediante el sacrificio del cordero. Este acontecimiento tendría lugar el día de la Pascua. En la Pascua, las personas también se preparaban removiendo la levadura de sus establecimientos porque, durante los próximos siete días de Panes sin Levadura entre los tiempos señalados, no debían comerse productos con levadura.

La levadura, o chametz en hebreo, significa o simboliza el pecado, y Yeshua nos está pidiendo que nos alejemos de nuestros viejos hábitos y naturaleza, y en su lugar vivamos una vida recta. Nos está pidiendo que recordemos que en Él está el sacrificio puro perfecto al no comer productos leudados.

¿Qué hacemos para prepararnos para eliminar la levadura?

1. Debemos prepararnos con meses de antelación.

¿Por qué? Porque algunos de nosotros tenemos más alimentos o artículos que otros. Dependiendo de la cantidad de alimentos que tenga, debe prepararse. Es bueno empezar a mirar su inventario de cosas a partir de enero/febrero, ya que debemos comernos la levadura que tenemos antes de que llegue el día.

"Durante los siete días se comerá matzá; y no se verá entre ustedes pan leudado. No se verá levadura contigo en todos tus territorios" (Éxodo 13:7).

La levadura es un símbolo de pecado; debemos deshacernos de ella durante Pésaj. Algunas personas toman la levadura y la ponen en su garaje, o en su coche, o la llevan a la oficina. Pero la Escritura nos dice que no debemos tener ninguna levadura entre las cosas que poseemos. Si usted toma la levadura y la pone en el garaje, es como si tomara unas revistas sucias y guardarlas por una semana y luego sacarlas. Esto no es lo que el Señor quiere.

2. Limpiar.

Debemos limpiar nuestras casas, coches, armarios e incluso oficinas todo lo que podamos.

3. Compre alimentos que no contengan levadura.

Asegúrese de leer las etiquetas para cerciorarse de que el producto no contiene levadura.

4. Limpiar nuestro cuerpo espiritual.

Yeshua quiere que nos miremos a nosotros mismos y eliminemos cualquier pecado que pueda estar acechando. Él nos limpió de una vez por todas, pero debemos estar alerta ante las esquemas del enemigo, y debemos estar constantemente alerta con nuestro comportamiento.

Hay un propósito para hacer esto. No importa cuántas veces limpiemos nuestras casas o cuán duro tratemos de limpiarnos, la conclusión es que necesitamos la sangre de Yeshua para eliminar completamente el pecado de nuestras vidas. Por eso Él quiere que eliminemos toda la levadura de nuestras casas. Tomemos como ejemplo la tostadora: Está llena de migas, y es muy difícil deshacerse de esas migas. Aunque hagamos todo lo posible, la tostadora siempre tendrá migas. De la misma manera, necesitamos la ayuda de Yeshua para limpiar todos los residuos de pecados de nuestras vidas.

Yeshua quiere que observemos físicamente la celebración de la Pascua, los Panes sin levadura y la celebración de las Primicias para recordar que Él es nuestro Cordero de la Pascua, que fue y es nuestro sacrificio sin levadura y que resucitó de la muerte. Él quiere que limpiemos físicamente nuestros hogares porque esto demuestra que es imposible tenerlos absolutamente limpios, sin manchas de suciedad.

La palabra hebrea para Pascua es Pesaj, que significa compasión, protección y pasar por. Séder significa "el orden de las cosas". Hay un orden en el plan de Elohim.

"Esa noche comerán la carne, asada al fuego; la comerán con matzá y maror" (Éxodo 12:8).

¿Cómo observamos la Pascua?

Celebrando una cena de Pascua, también llamada Séder. La comida consiste en cordero, **pan sin levadura/ matzá, maror/amargo y, posiblemente, vino o jugo**.

EL TIEMPO DESIGNADO DE LA PASCUA

Una imagen de un plato Séder con los alimentos.

LOS TIEMPOS DESIGNADOS DE YHVH ELOHIM

Muchas personas celebran siguiendo las enseñanzas de un libro llamado Haggadah. Sin embargo, muchos de estos libros contienen tradiciones innecesarias que no están en las Escrituras. La mayoría de estos libros no incluyen a Yeshua, pero algunos de estos libros hechos por judíos que creen en Yeshua sí lo incluyen. Tenga en cuenta que no necesita este libro para celebrar Pésaj. Puede encontrar información adicional sobre la Hagadá al final de este capítulo.

¿Por qué la cena de Pésaj?

Porque es un mandamiento. (Éxodo 23)

Significado de tomar parte del cordero:

Yeshua es el símbolo del cordero. (Marcos 14:12)

Cómo cocinar el cordero:

(Éxodo 12:8)

Significado de la matza:

Yeshua es el pan. (Hebreos 4:15, Juan 6:32-35)

Cómo cocinar la matza:

Hay muchas recetas en Internet o puede comprarla en algunos mercados locales.

Significado del maror

El sufrimiento de Yeshua, el sufrimiento de los israelitas durante la época de la esclavitud y nuestro propio sufrimiento, aunque no sepamos que estamos sufriendo una muerte lenta. (Isaías 53:5, Éxodo 1:14)

Cómo cocinar el maror o hierbas amargas:

Busque recetas en Internet y compre ingredientes como el rábano picante en sus mercados locales.

Significado del jugo o vino:

Es el símbolo de la sangre de Yeshua.

Cómo hacer vino o jugo de fruta fresca:

Puede encontrar recetas en Internet, o puede adquirir un exprimidor para sus frutas o comprar vino o jugo en el mercado local.

Sólo asegúrese de que todo lo comprado no contenga levadura durante los siete días siguientes.

¿Qué podemos comer durante los Panes sin levadura?

Puede comer arroz, ya que no tiene levadura. El arroz no sube, se expande.

Puede comer tortillas de maíz y algunas tortillas de harina que no contienen levadura.

Puede comer espaguetis. Algunos no tienen levadura.

Puede comer lo que quiera siempre que no tenga levadura.

LOS TIEMPOS DESIGNADOS DE YHVH ELOHIM

Recuerde que estamos celebrando algo sombrío debido a la muerte de Yeshua, pero al mismo tiempo, estamos celebrando algo alegre, que es la VIDA. Yeshua está VIVO.

Pésaj - durante la cena:

Pésaj también significa expresar o hablar de lo que sucedió, es decir, hablar o expresar lo que Elohim hizo por nosotros en el Éxodo de entonces y en nuestras vidas personales de hoy.

Pésaj es un tiempo para recordar:

Éxodo 12:14: "Este día será un día conmemorativo para ustedes y celebrarán como una fiesta a YHVH; la celebrarán por sus generaciones lo celebrarán por ordenanza perpetua."

¿Para recordar qué?

1. Recordar que alguien murió por nuestros pecados.

Éxodo 12:6-10: "Lo guardarán hasta el día catorce del mes, y entonces toda la asamblea de la congregación de Israel lo matará al anochecer. Tomarán un poco de sangre y la pondrán en los dos postes de las puertas y en el dintel de las casas en que la comerán. Aquella noche comerán la carne asada al fuego, con panes sin levadura. Lo comerán con hierbas amargas. No lo comerás crudo, ni cocido con agua, sino asado al fuego; con su cabeza, sus piernas y sus partes internas. Nada dejarás de ello hasta la mañana; pero lo que quede de él hasta la mañana lo quemaran al fuego".

EL TIEMPO DESIGNADO DE LA PASCUA

2. Recordar que los mandamientos de Elohim son para siempre.

Éxodo 12:24: " Debes observar este mandamiento, por decreto para ti y para tus hijos para siempre".

3. Para recordar que, si aplicamos la sangre de Yeshua, tendremos vida.

Éxodo 12:12-13: "Esa noche pasaré por la tierra de Egipto y mataré a todos los primogénitos de la tierra de Egipto, tanto hombres como animales; y ejecutaré juicio contra todos los dioses de Egipto; yo soy YHVH. La sangre les servirá de señal para marcar las casas donde estén; cuando vea la sangre, pasaré sobre ustedes; y no habrá sobre ustedes plaga que los destruya cuando golpee la tierra de Egipto".

4. Recordar que Elohim vigila este día por las generaciones venideras.

Éxodo 12:42: "Es una noche muy observable para YHVH por haberlos sacado de la tierra de Egipto. Esta es aquella noche de YHVH, muy observada por todos los hijos de Israel a lo largo de sus generaciones".

5. Recordar el pacto con Abraham.

Génesis 12:1-3: "Ahora YHVH dijo a Abram: Deja tu tierra, tus parientes y la casa de tu padre, y vete a la tierra que yo te mostraré. Haré de ti una gran nación. Te bendeciré y engrandeceré tu nombre. Serás una bendición. Bendeciré a los que los bendigan, y maldeciré a los que los menosprecien. Todas las familias de la tierra serán bendecidas en ti".

6. Recordar que, a través de la sangre, tenemos vida eterna.

Juan 6:47: "De Cierto, les digo que todo el que confía en mi tiene vida eterna:"

7. Recordar que Yeshua dio Su vida por nosotros como el Cordero.

Isaías 53:7-10: " Estaba oprimido, pero cuando estaba afligido no abrió la boca. Como cordero llevado al matadero, y como oveja silenciosa antes sus trasquiladores, así él no abrió su boca. Fue removido por la opresión y el juicio. En cuanto a su generación, quienes consideraron que Él estaba eliminado de la tierra de los vivientes y herido por la desobediencia de mi pueblo? Hicieron su sepultura con los impíos, y con el rico en su muerte, aunque no había hecho violencia, ni había engaño en su boca. Sin embargo, a YHVH le agradó herirlo. Le ha hecho sufrir. Cuando hagas de su alma una ofrenda por el pecado, El verá su descendencia. El Prolongará sus días y la voluntad de YHVH prosperará en su mano".

¿Quién puede celebrar? La Sangre - Yeshua es nuestro Cordero del Sacrificio.

Cualquiera que haya puesto su confianza en Yeshua tiene un corazón circuncidado.

Usted no puede participar de la cena pascual del Cordero a menos que acepte a Yeshua como su Salvador. Hoy en día, muchas personas celebran esta comida sin conocer a Yeshua. Sin embargo, usted necesita una membresía del Reino porque la cena significa que estamos haciendo esto para recordar

EL TIEMPO DESIGNADO DE LA PASCUA

lo que Él hizo por nosotros, cómo Elohim nos liberó de la esclavitud del Faraón o de la esclavitud de la muerte. Cuando las personas celebran la comida sin tener a Yeshua en sus vidas, solo están pasando por el movimiento de recordar porque no hay salvación sin Yeshua.

¿Cómo se consigue esta membresía?

Arrepiéntase del pecado, confíe en Yeshua y cambie sus costumbres.

"Porque la vida de la carne (cuerpo) está en la sangre. Se lo he dado sobre el altar para hacer expiación por sus almas; porque es la sangre la que hace expiación por razón de la vida " (Levítico 17:11).

¿La sangre de quién?

Yeshua el Mesías.

Juan 12:44-45: "Yeshua declaró públicamente: 'Los que ponen su confianza en mí no confían sólo en mí, sino en Aquel que me envió. Los que me ven, ven al que me envió'".

Restricciones de Pascua

Éxodo 12:43-51: "YHVH dijo a Moshé y a Aarón: 'Este es el reglamento para el cordero de Pésaj: ningún extranjero comerá del Pesaj. Pero si alguien tiene un esclavo que compró por dinero, cuando lo hayan circuncidado, podrá comerlo. Ni un viajero ni un siervo contratado pueden comerlo. Debe comerse en una sola casa. No sacarás nada de la carne fuera de la casa, y no le rompas ninguno de sus huesos. Toda la congregación de Israel debe guardarla. Cuando un extranjero que se aloja con ustedes quiere observar el Pésaj de YHVH, todos sus varones deben estar circuncidados. Entonces podrá tomar parte y observarlo; será como un ciudadano de la tierra. Pero ningún incircunciso debe comerlo. La misma enseñanza se aplicará por igual al ciudadano y al extranjero que viva entre ustedes'. Todos los hijos de Israel hicieron tal como YHVH había ordenado a Moshé y Aarón. Ese mismo día, YHVH sacó a los hijos de Israel de la tierra de Egipto por sus divisiones".

Recuerde que la circuncisión es del corazón, no de la carne.

No soy judío, así que ¿por qué debería participar en estas celebraciones?

1. Porque los tiempos señalados pertenecen a Elohim.

Levítico 23:2: " YHVH habló a Moshé, diciendo: Habla a los hijos de Israel y diles: 'Las fiestas fijas de YHVH, que proclamaras como santas convocaciones, estas son mis fiestas fijas.".

2. Todos los creyentes son un solo pueblo

Éxodo 12:49: "Una misma ley será para el nacido en casa y para el extranjero que habita entre ustedes".

Juan 10:16: "También tengo otras ovejas que no son de este redil; necesito traerlas, y oirán mi voz; y habrá un solo rebaño, un solo pastor."

3. Los discípulos los celebraron.

1 Corintios 5:8: " Por tanto, celebremos la Pascua, no con levadura vieja, ni con levadura de malicia y de maldad, sino con pan sin levadura de sinceridad y de verdad. ".

EL TIEMPO DESIGNADO DE LA PASCUA

4. Los discípulos reconocieron a Yeshua como el Cordero.

Juan 1:29: "Al día siguiente, Yochanan vio a Yeshua que venía hacia él y dijo: '¡Mira! ¡El cordero de Dios quien quita el pecado del mundo '"!

¿Qué tiene que ver esta cena con Yeshua?

Yeshua cumplió las profecías del Tanaj sobre ser el Mesías, el Cordero de Dios que moriría por nuestros pecados. Una de las muchas profecías se encuentran en Zacarías 12:10

"Y derramaré sobre la casa de David y sobre los que viven en Jerusalén un espíritu de gracia y de oración; y mirarán hacia mí, a quien perforaron".

Entonces, ¿cuándo compartió Yeshua la comida conmemorativa con Sus discípulos?

Justo antes de la fiesta de Pésaj

"Era justo antes de la fiesta de Pésaj, y Yeshua sabía que había llegado el momento de pasar de este mundo al Padre. Habiendo amado a los suyos en el mundo, los amó hasta el fin. Durante la cena el Adversario ya había puesto en el corazón de Judas Iscariote, hijo de Simón el deseo de traicionarlo" (Juan 13:1-2).

Como podemos ver, dice que Él tuvo Su comida conmemorativa con Sus discípulos justo antes del Festival de Pésaj. En otras palabras, Él tuvo la comida hacia el comienzo del día 14 de Aviv o el final del día 13. Entonces los acontecimientos que siguieron fueron la preparación para Su muerte. El día 14 de Aviv es conocido como el Día de la Preparación, y Yeshua fue el cordero de la preparación que fue inmolado para la liberación de la muerte del pecado. Los acontecimientos de Yeshua que siguieron después de la cena fueron Su sufrimiento y Su muerte. Él sabía que Judas iba a traicionarle.

"Después de que Judas comió el trozo de matzá, el adversario entró en él. "Entonces Yeshua le dijo: "¡Lo que hagas, hazlo pronto!" Ahora nadie en la mesa sabía por qué le dijo esto. Algunos pensaron, porque Judas tenía la bolsa de dinero, que Jesús le dijo: "Compra lo que necesitamos para la fiesta", o que le diera algo a los pobres. Por lo tanto, habiendo recibido ese bocado del pan, salió inmediatamente. **Era de noche**" (Juan 13:27-30).

Ahora era de noche, el comienzo del 14 día de Aviv. Observe que algunos de los discípulos pensaron que Judas iba a buscar comida para la Fiesta de los Panes sin Levadura.

Supusieron esto porque el día 14 de Aviv/Nissan no es un día de descanso sino de preparación, y todavía se podía salir a hacer compras.

Yeshua es el Cordero perfecto inspeccionado

Éxodo 12:3-5: "Habla a toda la congregación de Israel, diciendo: El día diez de este mes tomará cada uno un cordero, según las casas de sus padres, un cordero por familia; y si la casa es pequeña para un cordero, entonces él y su vecino de al lado de su casa tomarán uno según el número de las almas. Harás la cuenta del cordero según lo que cada uno pueda comer. Tu cordero será sin defecto, macho de un año. Lo tomarás de las ovejas o de las cabras.". Yeshua fue inspeccionado. (Mateo 4, Mateo 22 y Hebreos 2)

EL TIEMPO DESIGNADO DE LA PASCUA

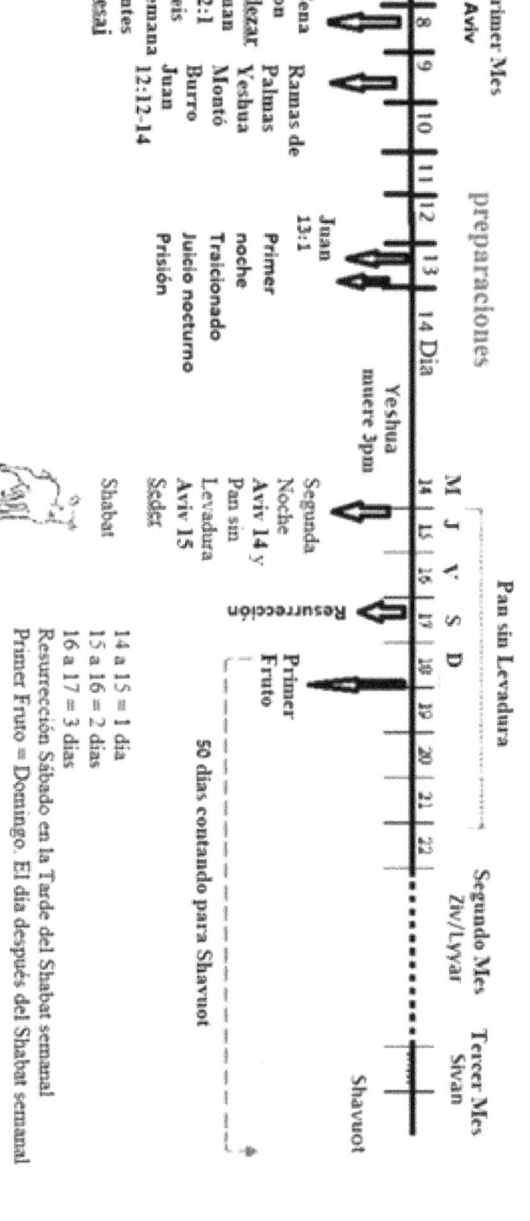

LOS TIEMPOS DESIGNADOS DE YHVH ELOHIM

Los tres tiempos señalados

Piénselo: muy pronto llegará el mes de Aviv (marzo/abril en el calendario gregoriano). El primero del mes de Aviv, usted estará celebrando el Año Nuevo en el calendario de Elohim. (Éxodo 12:1-2)

Cómo celebrar el Año Nuevo:

El Señor nos dice que establezcamos nuestros tabernáculos; en otras palabras, el primer día de Aviv, ustedes se estarán preparando, tal vez mediante la oración y la santificación, o tal vez entregando su vida a Yeshua el Mesías. (Éxodo 40:1-2)

1 Corintios 6:19-20: "¿O no sabes que tu cuerpo es templo de el Ruach HaKodesh que vive en ustedes, lo cual recibiste de Dios? No se pertenecen a ustedes mismos, porque fueron comprados por un precio. Por lo tanto, usen sus cuerpos y sus espíritus para glorificar a Dios".

Otra cosa importante a tener en cuenta sobre la Pascua judía y el calendario:

Observe que la Pascua se celebra en el primer mes, y si uno sabe contar, es obvio que el séptimo mes no es el primer mes. Algunas personas afirman que el séptimo mes es también el primer mes debido a la influencia de las culturas babilónica, asiria y persa. Sin embargo, las Escrituras nos dicen que el séptimo mes es hacia el final del año.

Éxodo 34:22: "Observa la fiesta de Shavu'ot con los primeros productos recogidos de la cosecha **de trigo, y la fiesta de la recolección al final del año**".

La fiesta o tiempo señalado para la recolección es Sucot o Tabernáculos. Por lo tanto, no se engañe pensando que el séptimo mes es el primer mes del año. No se deje presionar. No se deje llevar por la sociedad y las tradiciones.

EL TIEMPO DESIGNADO DE LA PASCUA

<u>Cuando hacer la comida:</u>

Durante estos tres tiempos señalados, el día 10 de Aviv, estará pensando que Elohim instruyó a Israel que seleccionaran el mejor cordero y, el día 14, que lo sacrificaran y untaran la sangre en sus puertas para prepararse y no morir cuando Elohim pasaba sobre ellos.

Estará pensando que estaban comiendo una comida consistente en cordero, pan sin levadura y maror. Estará pensando que esta cenando esta comida como recuerdo de lo que ocurrió entonces. Y recordará que los primogénitos del faraón, junto con todos los que no aplicaron la sangre, murieron esa noche.

Durante la comida, estará recordando que como usted también ha aplicado la sangre, tiene la sangre de Yeshua protegiéndole. Tal vez recuerde cómo Yeshua le salvó del lugar oscuro donde se encontraba.

Estará recordando que entonces, temprano en la mañana del 15 de Aviv, ellos comenzaron su viaje con una nueva esperanza, una nueva vida y, lo más importante, un Elohim liberador que era y es para ellos y para usted amoroso, cuidadoso, fiable, confiado, misericordioso y lleno de gracia y vida abundante.

<u>"Han visto lo que le hice a los egipcios, y cómo los transporté sobre alas de águila y los traje a mí" (Éxodo 19:4).</u>

Ejemplo de preparación de la cena de Pascua:

1. Compre todos los artículos antes de la cena.

2. Quiten la levadura de sus casas y limpien. Recuerden que esto también es espiritual.

3. Inviten a gente si es posible, o sólo a su familia. Si está solo, también está bien.

LOS TIEMPOS DESIGNADOS DE YHVH ELOHIM

4. Decore su mesa si lo desea. Recuerde que es una cena especial.

5. Coloque los artículos de Pascua en un plato.

Nota: Existen platos seder; sin embargo, la mayoría de ellos tienen cosas añadidas que no están en las Escrituras.

6. Quizás tenga un orador designado para contar la historia de Pésaj o leer las Escrituras.

7. Empiece soplando el shofar si lo desea. Si no tiene un shofar, hay sonidos del shofar en YouTube, etc.

8. Rece.

9. Ponga una canción de adoración.

10. De un breve discurso sobre por qué se han reunido.

11. Coma los elementos mientras recuerda la historia del Éxodo y el sacrificio de Yeshua. Por ejemplo, puede leer versículos del Éxodo, Mateo, Marcos, Lucas y Juan.

12. Muchas personas tienen una cena festiva aparte para celebrar la comida de Pascua. Piense en una comida festiva pero sin levadura; hay muchas recetas sin levadura en Internet.

13. Termine la cena de Pascua con canciones, bailes y algunos versos de los Salmos, como el Salmo 136.

Tradiciones de Pascua

1. Cante el Dayenu, una canción que significa que habría sido suficiente. Puede encontrar esta canción en Internet.

EL TIEMPO DESIGNADO DE LA PASCUA

2. Cante el Manish ta na o haga las preguntas. Éxodo 13:14-15.

3. Haga que los niños busquen la matza escondida si lo desea. Explíqueles que Yeshua no está muerto sino que está vivo. Y también, que Él no está escondido, sino que está en todas partes.

Conceptos erróneos sobre la Pascua

1. Es sólo para los judíos. No es cierto (Levítico 23:4).

2. Yeshua le puso fin a la celebración. No es cierto (Mateo 5:17).

3. Es demasiado difícil de hacer. No es cierto. (I Juan 5:3)

Resumiendo:

1. Antes de Pésaj, eliminarán la levadura de sus casas. (Éxodo 12:15)

2. Celebrarán la cena de Pascua hacia el final del día 14. (Levítico 23:5)

3. Comerá matzá durante siete días y alimentos sin levadura. (Éxodo 13:6-7)

4. Tomará libre el primer y el último día de los Panes sin Levadura. (Levítico 23:7-8)

5. Estará recordando la Torá de Elohim. (Éxodo 13:9-10)

6. Además, recuerde que Yeshua es nuestra Pascua. Él murió por nosotros. Él es el Pan sin Levadura. Él es puro. Él es nuestro primer fruto. Él es el primero en resucitar de la muerte. (Juan 6:32-35)

LOS TIEMPOS DESIGNADOS DE YHVH ELOHIM

7. Además, el domingo, observe el día del Primer Fruto. (Levítico 23:14)

Estos tiempos señalados son los hechos históricos de lo que Yeshua el Mesías hizo para salvarnos de la muerte, así que no sea como los egipcios, que eligieron no obedecer las instrucciones de Elohim. Celebre a Yeshua el Mesías, porque Él dio Su vida por la salvación de toda la humanidad.

Una Hagadá para creyentes

EL TIEMPO DESIGNADO DE LA PASCUA

Ejemplo - Hagadá Pascua en casa

Artículos necesarios: Chuletas de cordero/oveja, hierbas amargas como rábano picante, matzá para la Pascua y jugo de uva o vino tinto sin levadura.

Información: Yeshua murió el 14 de Aviv hacia las 3 de la tarde. **Pan sin levadura:** Del 15 al 21 de Aviv. Primeros Frutos: es el día después del Shabat semanal.

Cosas a saber sobre marzo/abril: Celebramos tres tiempos señalados:

Pascua es el 14 de Aviv

Panes sin levadura - Aviv 15

Primeros Frutos - Domingo después del Shabat semanal (de tarde a tarde).

Días libres: Primer y último día de los Panes sin levadura.

INSTRUCCIONES para la cena de la noche:

1. Coloque el pan ácimo, las hierbas amargas y el cordero cocido por separado en una bandeja, un plato grande o tres bandejas diferentes. Coloque un vaso de jugo o vino para cada persona. Decore su mesa si lo desea.

Nota: Mucha gente cena después del seder o incorpora la cena a los alimentos de la Pascua. Asegúrese de que todos los alimentos no contengan levadura.

LOS TIEMPOS DESIGNADOS DE YHVH ELOHIM

2. Asigne un Guía y un lector.

3. Si hay niños, incorpore juegos, páginas para colorear, etc., y esconda un trozo de matza para que lo encuentren y puede darles un premio si lo desea. Explíqueles que Yeshua murió, pero resucitó y está vivo.

COMIENCE EL SEDER:

Toque el shofar (si no tiene shofar, busque sonidos en YouTube).

Oración del líder

Esta noche tenemos una celebración muy especial, recordando el momento en que Elohim nos liberó de la esclavitud y derrotó a los dioses de Egipto. Éxodo 12:14: **"Este será un día que recordarán y celebrarán como una fiesta a YHVH; de generación en generación, lo celebrarán por norma perpetua".**

Deuteronomio 16:1: "Observa el mes de Aviv y celebra Pésaj a YHVH tu Dios; porque en el mes de Aviv, YHVH tu Dios te sacó de Egipto de noche."

Canción de adoración: Elija una canción.

Todos dicen juntos:

"Elohim, Rey del Universo, te damos gracias por este tiempo de Pascua en el que podemos reunirnos para celebrar tu mandamiento en Éxodo 12. Bendito sea tu nombre, Rey del Universo, que nos sostienes cada día. Nos hemos reunido para celebrar tu Pésaj. Bendice nuestra reunión y que tu nombre sea alabado de generación en generación. Somos tus siervos; danos entendimiento para que podamos conocer tus

EL TIEMPO DESIGNADO DE LA PASCUA

instrucciones. Te damos gracias, Elohim, porque eres bueno y tu gracia perdura para siempre".

Líder:

Yeshua dijo a sus discípulos que realmente quería celebrar el Pésaj con ellos. (Lucas 22:15)

¿Por qué hizo esa afirmación?

Tal vez Él esta:

1. Recordando todos los años que celebró el Pésaj desde su infancia:

Lector: Elija a una persona para que lea/o la misma persona (el Guía) puede ser el lector. Lucas 2:41: " Los padres de Yeshua iban todos los años a Jerusalén para la fiesta de Pesaj. ".

Líder:

2. Otra razón puede ser que Yeshua sabía que iba a morir:

Lector:

Mateo 17:22-23: "Mientras andaban por el Galil, Yeshua les dijo: "El Hijo del Hombre está a punto de ser entregado en manos de la gente y lo matarán, y al tercer día resucitará". Y se llenaron de tristeza".

Juan 1:29: "Al día siguiente, Yochanan vio a Yeshua que venía hacia él y dijo: '¡Mira! ¡El cordero de Dios! El que está tomando el pecado del mundo'".

LOS TIEMPOS DESIGNADOS DE YHVH ELOHIM

Líder:

3. Quizás otra razón por la que quería celebrar con los discípulos es que había pasado tiempo con ellos e iba a extrañarlos, así que quería prepararlos para su partida:

Lector:

Juan 14:18-19: "No los dejaré huérfanos, vendré a ustedes. Dentro de poco, el mundo ya no me verá; pero ustedes sí me verán. Porque yo vivo, ustedes también vivirán".

Líder:

4. Otra razón puede ser que recordaba el Éxodo en los tiempos de Moshé:

Lector:

Éxodo 12:3-5: "Habla a toda la congregación de Israel y diles: 'El día diez de este mes, cada hombre debe tomar un cordero para su familia, uno por hogar, excepto que si el hogar es demasiado pequeño para un cordero entero, entonces él y su vecino de al lado deben compartir uno, dividiéndolo en proporción al número de personas que lo coman. Su cordero debe ser sin defecto, un macho en su primer año, y puede elegirlo entre las ovejas o las cabras".

Lector:

Éxodo 12:7: "Tomarán un poco de la sangre y la untarán en los dos lados y en la parte superior del marco de la puerta a la entrada de la casa en la que la coman".

EL TIEMPO DESIGNADO DE LA PASCUA

Líder:

5. Quizá Yeshua también recordó que hay personas que son testarudas y que se enfrentarán a las consecuencias por no poner su confianza en Él.

Lector:

Lucas 22:47-48: "Mientras aún hablaba, llegó una multitud de gente, con el hombre llamado Judas, uno de los doce, venia delante de ellos, y se acercó a Yeshua para besarle, pero Yeshua le dijo: 'Y'hudah, ¿estás traicionando al Hijo del Hombre con un beso?'"

Lector:

Éxodo 5:2: " Faraón dijo: ¿Quién es YHVH para que yo obedezca su voz y deje a Israel irse? No conozco a YHVH, y además no dejaré ir a Israel'".

Lector:

Debido al obstinado corazón del Faraón; Elohim trajo todas estas plagas a Egipto.

1. El agua se convirtió en sangre;
2. Infestación de ranas;
3. Infección de piojos;
4. Moscas;
5. Ganado enfermo;
6. Forúnculos;
7. Tormentas eléctricas/granizo/fuego;

8. Langostas;
9. Oscuridad durante tres días.
10. muerte del primer hijo.

Éxodo 12:29-30: "A medianoche, YHVH mató a todos los primogénitos en la tierra de Egipto, desde el primogénito del faraón sentado en su trono hasta el primogénito del prisionero en el calabozo, y a todos los primogénitos del ganado. El faraón se levantó por la noche, él, todos sus siervos y todos los egipcios; y hubo horrendos lamentos en Egipto, porque no había una sola casa donde no hubiera un muerto."

Líder:

6: Quizás Yeshua estaba deseando lavarle los pies a los discípulos:

Lector:

Juan 13:4-5: "Entonces Yeshua se levantó de la mesa, se quitó la ropa exterior y se envolvió la cintura con una toalla. Luego echo un poco de agua en una vasija y comenzó a lavar los pies de los talmidim y a secárselos con la toalla que llevaba envuelta."

Líder:

7. Yeshua es el Cordero que nos limpia del pecado, y Él es nuestra salvación. Tal vez Yeshua estaba pensando en la futura oportunidad para todos de obtener la salvación.

EL TIEMPO DESIGNADO DE LA PASCUA

Lector:

Juan 14: 6: "Yeshua dijo: 'YO soy el camino y la verdad y la vida; nadie viene al Padre sino por mí'".

Líder:

8. Probablemente Yeshua estaba pensando en su muerte y esperaba con impaciencia la cena porque no volverá a celebrarla hasta que se le dé su pleno significado en el Reino de Dios".

Lector:

Lucas 23:33-38,44-46: "Cuando llegaron al lugar que se llama "La Calavera", allí lo crucificaron con los malhechores, uno a la derecha y otro a la izquierda. Yeshua dijo: "Padre, perdónalos, porque no saben lo que hacen". Dividieron sus vestidos entre ellos y echaron suertes. La gente se quedó mirando. Los gobernantes que estaban con ellos también se burlaban de él, diciendo: A otros salvó. ¡Que se salve a sí mismo, si éste es el Mesías de Dios, su elegido! También los soldados se burlaban de él, acercándose a él, ofreciéndole vinagre y diciendo: Si eres el rey de los judíos, sálvate a ti mismo. También estaba escrita sobre él una inscripción en letras griegas, latinas y hebreas: "ÉSTE ES EL REY DE LOS JUDÍOS. Era ya como la hora sexta, y la oscuridad cubrió toda la tierra hasta la hora novena. El sol se oscureció y el velo del templo se rasgó en dos. Yeshua, llorando a gran voz, dijo: **"¡Padre, en tus manos encomiendo mi espíritu!"** Dicho esto, exhaló su último suspiro".

LOS TIEMPOS DESIGNADOS DE YHVH ELOHIM

Líder:

¿Por qué celebramos Pésaj?

Éxodo 12:26: "Sucederá que, cuando sus hijos les pregunten: ¿Qué quieres decir con esta observancia? **diles***: 'Es el sacrificio del Pésaj de YHVH, porque El pasó por encima de las casas de los hijos de Israel en Egipto, cuando mató a los egipcios, pero salvó nuestras casas'".*

Lector:

1 Corintios 5:8: "Por tanto, celebremos la Pascua, no con levadura vieja, ni con levadura de malicia y de maldad, sino con pan sin levadura de sinceridad y de verdad."

Líder:

9. Yeshua probablemente estaba recordando las plagas que resultaban de no confiar, y sabía que podían evitarse.

Juan 8:24: "Por eso les dije que morirán en sus pecados; porque si no confían quien YO SOY, morirán en sus pecados."

Líder:

Yeshua es nuestro Cordero de la Pascua:

Isaías 53:5: "Pero él fue herido a causa de nuestros delitos, aplastado a causa de nuestros pecados; la disciplina que nos hace íntegros cayó sobre él, y por sus heridas hemos sido curados."

Canción de adoración: Elija una canción que le guste.

EL TIEMPO DESIGNADO DE LA PASCUA

Líder: ORAR

El Cordero

Bendición para el cordero:

Líder: Bendición: Baruch Ata Adonai Eluhenu Meleck Ha Olam, Be Seh Pésaj.

Bendito seas, Oh Señor Rey del Universo, que nos diste a Yeshua como el Cordero del mundo.

Comer del cordero como recordatorio.

Él murió de una vez por todas.

El Pan/Matza

Líder:

Mateo 26:26: "Mientras comían, Yeshua tomó un trozo de matzá, hizo la b'rajá, lo partió, se lo dio a los talmidim y les dijo: "Toma, come; este es mi cuerpo "

Bendición para el pan:

Líder:

Baruck ata Adonai Eloheinu Melekh Ha- Olam, Hamotzi lechem Min Ha aretz

Bendito eres tú, Adonai nuestro Dios, Gobernante del mundo, que haces brotar el pan de la tierra.

LOS TIEMPOS DESIGNADOS DE YHVH ELOHIM

Líder:

Juan 6:51: "Yo soy el pan vivo que descendió del cielo. Si alguno come de este pan, vivirá para siempre. Sí, el pan que daré por la vida del mundo es mi carne (cuerpo) ".

Éxodo 12:8: "Lo comerán con matzá".

Comer del pan:

Luego participe del pan con el cordero. Comer el pan con el cordero

Las hierbas amargas:

Líder:

Éxodo 12: 8: "Esa noche comerán la carne, asada en la fogata; la comerán con matzá y maror".

Mateo 27: 30: "Le escupieron y usaron el palo para golpearle en la cabeza".

Bendición para el Maror o Hierbas Amargas:

Líder:

Baruch ata Adonai Elohenu Melech Ha Olam vtzi va un Al a - chilat maror

Bendito seas, Señor Dios, rey del Universo, que nos has ordenado comer el maror o hierbas amargas.

Comer las hierbas amargas con la matza y luego con el cordero.

EL TIEMPO DESIGNADO DE LA PASCUA

El jugo/fruto de la vid:

Líder:

Mateo 26:27: "Tomó la copa, hizo la bendición y se lo dio a ellos diciendo: 'Todos tomen de ella, porque ésta es mi sangre, del nuevo pacto, mi sangre derramada por muchos, para el perdón de los pecados'".

Salmos 116:13: "Tomaré la copa de la salvación e invocaré el nombre de YHVH".

Bendición para el jugo:

Baruck ata Adonai Eloheinu Melekh Ha- Olam, Bore pri Ha Gafen.

"Bendito seas, Señor nuestro Dios, Señor del Universo, Creador del Fruto de la Vid".

Tomar del jugo.

Líder:

Gracias, Yeshua, por ser nuestro Cordero sacrificado.

Yeshua resucitó al tercer día:

Juan 20:1: "Temprano en el primer día de la semana, cuando todavía estaba oscuro, María Magdalena fue a la tumba y vio que la piedra había sido removida de la entrada."

Cante Dayenu. Puede encontrarlo en YouTube.

Cena/Música: Si quiere cenar. Un ejemplo de cena son las patatas, las judías verdes, cordero o pollo o pescado, o algo que le guste.

LOS TIEMPOS DESIGNADOS DE YHVH ELOHIM

Postre: Un ejemplo de postre son las frutas (o puede encontrar muchas recetas en Internet).

Termine la celebración con una oración, y mucha gente dice:

¡El año que viene en Jerusalén!

EL TIEMPO DESIGNADO DE LA PASCUA

LOS TIEMPOS DESIGNADOS DE YHVH ELOHIM

4
EL TIEMPO DESIGNADO DE LOS PANES SIN LEVADURA

Preparándose para los Panes sin Levadura y los Primeros Frutos durante la Pascua o Día de Preparación es lo mismo que prepararse para una boda, una fiesta o una graduación. Implica tiempo y trabajo. Algunas personas planean las bodas con un año adelantado, otras planean las graduaciones con meses de anticipación, y hay quienes se preparan para la jubilación con años de antelación. Teniendo todo esto en cuenta, ¿por qué deberíamos tomar los tiempos señalados de Elohim con menos seriedad?

Números 28:16-17: " En el mes primero, el día catorce del mes, es la Pascua de YHVH. **El día quince de este mes será fiesta. Durante siete días se comerá matzá"**.

Éxodo 12:17: **"Observaras la fiesta de la matzá, porque en este mismo día saqué sus divisiones de la tierra de Egipto.** Por tanto, observen este día de generación en generación por norma perpetua."

¿No es maravilloso que Yeshua nos dio un día especial para celebrar y recordar; el día en que nos liberó de la esclavitud,

LOS TIEMPOS DESIGNADOS DE YHVH ELOHIM

lo que Elohim hizo por Israel, y cuando fuimos liberados en nuestras vidas personales? Podemos recordar cuando fuimos rescatados del fuego de la muerte y recibimos el perdón y la liberación a través de Yeshua el Mesías. Este es sin duda un gran acontecimiento para recordar. No importa cuándo ocurrió en nuestras vidas, tenemos la Fiesta de los Panes sin Levadura durante siete días para recordar que necesitábamos a alguien fuera de nosotros para obtener la libertad; alguien perfecto, santo y amoroso.

"El día quince del mismo mes es la fiesta de los panes sin levadura a YHVH. Siete días comerás matzá. El primer día tendrán una santa convocación. No harás ningún trabajo regular. Pero ofrecerán una ofrenda encendida a YHVH durante siete días. En el séptimo día hay una santa convocación. No harás ningún trabajo regular" (Levítico 23:6-8).

¿Qué debemos hacer durante los Panes sin Levadura?

Recuerde que estos tres tiempos señalados de la Pascua, la semana de los Panes sin Levadura y la de los Primeros Frutos están interrelacionados; por lo tanto, volverá a oír las mismas cosas. La repetición es buena; nos ayuda a recordar las cosas. Tomemos por ejemplo que Elohim quiere que celebremos todos los tiempos señalados cada año y el Shabat cada semana.

1. Antes de que empiece Pésaj, **quiten la levadura** de sus casas.

Éxodo 12:15: " Siete días comerás matzá; Incluso el primer día quitaran la levadura de sus casas ".

2. Coman matzá.

Éxodo 13:6-7: "Siete días comerán matzá, y el séptimo día será una fiesta para YHVH. Durante los siete días comerán matzá;

EL TIEMPO DESIGNADO DE LOS PANES SIN LEVADURA

ningún pan leudado, ni levadura se hallará con ustedes en todo su territorio."

3. No trabaje. Tomen el primer y el último día libres y reúnanse.

Levítico 23:7-8: "El primer día tendrás una santa convocación; no hagas ningún tipo de trabajo ordinario. Pero traigan una ofrenda encendida a YHVH durante siete días. El séptimo día ten una santa convocación; no hagas ningún tipo de trabajo regular".

4. Recuerde.

Éxodo 13:9-10: "Te servirá de señal en tu mano y de **recordatorio** entre tus ojos, para que la Torá de YHVH esté en tu boca; porque con mano fuerte YHVH te sacó de Egipto. Por lo tanto, observar este reglamento en su debido momento, año tras año."

5. Recuerda que Yeshua es el Pan sin Levadura.

Juan 6:32-33: "Yeshua les dijo: De cierto les digo que no fue Moshé quien les dio el pan del cielo. Sino que mi Padre les da el verdadero pan del cielo; porque el pan de Dios es el que desciende del cielo y da vida al mundo'".

Cuando pensamos en el pan de la proposición que se presentaba en el tabernáculo todos los días, las veinticuatro horas del día, pensamos en Yeshua como el pan de la presencia. Él es el pan que está presente en todo momento con Su palabra e instrucciones. Su palabra está siempre fresca, siempre cambiándonos. Él está siempre en nuestra presencia si participamos de Él. Él es el pan de la VIDA.

Todo el que venga a Él tendrá vida eterna. Nos dijo que comiéramos el pan en memoria de Él, y durante la Fiesta de

LOS TIEMPOS DESIGNADOS DE YHVH ELOHIM

los Panes sin Levadura debemos acordarnos de Él. El pan de la presencia es entonces la palabra de Elohim. Yeshua dijo: "No sólo de pan vive el hombre, sino de toda palabra que sale de la boca de Dios" (Mateo 4:4).

Juan 1:1 nos dice que Yeshua es la Palabra. "En el principio estaba la palabra, y la palabra estaba con Dios, y la palabra era Dios".

Cómo comer "sin levadura" durante siete días.

Hay muchas recetas en Internet. Por favor, no se deje llevar por normas y tradiciones. (Por ejemplo, la mayoría de la pasta no tiene levadura, pero algunas personas insisten en no comerla. Y si no quieren, está bien, pero es porque ésa es su elección, no porque lleve levadura).

He aquí algunos ejemplos, pero revise siempre las etiquetas:

Algunos alimentos que no contienen Levadura:	Artículos que pueden contener levadura:
Papas fritas (algunos)	Dulces, galletas, etc..
Pasta	Harinas (algunos)
Tacos	Levadura en polvo
Arroz	Algunas carnes, tocino de pavo
Helados (algunos)	La mayoría de las sopas enlatadas
M&M's	Cereales (algunos)
Corn flakes	Pan

EL TIEMPO DESIGNADO DE LOS PANES SIN LEVADURA

¡Esta es una celebración festiva! Estamos celebrando nuestra libertad a través de Yeshua, nuestro Cordero de Pascua sin levadura. Él no está muerto; ¡está vivo!

Yeshua se convirtió en la Pascua y el Pan sin levadura.

¿Por qué celebrar el pan ácimo durante siete días?

¿Por qué no 10 días o 3 días o 12 días?

1. Las Escrituras nos dicen que celebremos durante siete días como un mandamiento.

2. Tal vez la razón se encuentre en el Éxodo de Egipto y el cruce del mar. Recuerde que Elohim dijo a los israelitas que no verían más a los egipcios en Éxodo 14:13-14.

"Moshé le dijo al pueblo: 'No tengan miedo. Manténganse firmes, y verán la salvación de YHVH. Él lo hará hoy: Pero nunca más volverán a ver a los egipcios, Que han visto hoy. YHVH peleara la batalla por ustedes. Tranquilícense'". (Éxodo 14:13-14).

Los israelitas salieron de Egipto/Goshen, con Elohim guiándolos. Los egipcios los persiguieron, pero Elohim los liberó completamente en unos siete días.

El primer día de los Panes sin Levadura es un día de fiesta. Es una celebración de la liberación.

En la primera noche de los Panes sin Levadura, en lo que quedaba de la noche, alrededor de la medianoche, el faraón llamó a Moshé y estableció la libertad de los israelitas.

LOS TIEMPOS DESIGNADOS DE YHVH ELOHIM

Temprano en la mañana del primer día de los Panes sin Levadura (15 de Aviv), el día siguiente después de haber cenado por la noche, partieron.

Números 33:3: "Comenzaron su viaje desde Ram'ses en el primer mes. El día quince del primer mes, **la mañana siguiente al Pésaj**, el pueblo de Israel partió orgulloso a la vista de todos los egipcios."

Números 33:5-8: "Los hijos de Israel partieron de Ramsés y acamparon en Sucot. Partieron de Sucot y acamparon en Etam, que está al borde del desierto. Partieron de Etam y regresaron a Pihahirot, que está delante de Baal Zefón, y acamparon delante de Migdol. Partieron de delante de Hahirot y cruzaron por en medio del mar hacia el desierto. Anduvieron tres días de camino por el desierto de Etam y acamparon en Mara".

Imagínese estar parado al borde del mar, aterrorizado, y viendo venir a los egipcios.

El pueblo estaba aterrorizado, pero Elohim luchó por ellos:

Moisés dijo al pueblo: "¡No teman, tranquilos y vean la liberación que יהוה hará hoy por ustedes; porque nunca más volverán a ver a los egipcios que han visto hoy. **יהוה luchará por ti consérvate tranquilo**".

Los egipcios fueron derrotados y el pueblo no los vio más. Por eso el último día de los Panes sin Levadura es un día de descanso. Después se dirigieron al Sinaí, lo que les tomó un mes desde su partida:

"Siguieron su viaje desde Eilim, y toda la congregación de Isra'el llegó al desierto de Seen, entre Eilim y el Sinaí, el decimoquinto

EL TIEMPO DESIGNADO DE LOS PANES SIN LEVADURA

día del segundo mes después de salir de la tierra de Egipto" (Éxodo 16:1).

¿Qué cosas pueden representar la levadura?

La levadura es la representación de los comportamientos que van en contra de la voluntad de Elohim.

1. El faraón representaba la levadura a través de la desobediencia.

2. Representaba el orgullo y la terquedad.

3. El faraón representaba el engaño. Fue engañado pensando que él era Elohim.

4. El faraón era la masa de levadura que contaminaba a todo el grupo: " Un poco de levadura leuda toda la masa." (Gálatas 5:9).

5. La levadura representaba la falsa enseñanza; un punto de vista distinto a la verdad de Yeshua el Mesías.

6. La levadura representaba la observancia legalista, la tradición, la adoración de ídolos y los pensamientos mundanos de la gente.

Tomemos, por ejemplo, a Pedro, cuando trató de influir en Yeshua para que no cumpliera su llamamiento. Yeshua le dijo a Pedro: "Pero Yeshua le dio la espalda a Kefa, diciendo: Pero él se volvió y dijo a Pedro: "¡Apártate de mí, Satanás! Eres una piedra de tropiezo para mí, porque no pones tu atención en las cosas de Dios, sino en las cosas de los hombres". (Mateo 16:23).

LOS TIEMPOS DESIGNADOS DE YHVH ELOHIM

Muchas veces en nuestras vidas, podemos pensar que las cosas que estamos haciendo son correctas y que los pensamientos e ideales que estamos siguiendo son correctos. Pero muchas veces son falsos y estamos creyendo una mentira y siendo engañados. Esto sucede cuando somos ignorantes de la verdad de Elohim y cuando estamos siguiendo las ideas de los hombres o lo que ha sido enseñado por los hombres. Podemos averiguar la verdad leyendo las Escrituras por nosotros mismos, orando y ayunando.

A menudo seguimos la tradición, las normas sociales y a los hombres en lugar de seguir la verdad de Yeshua. Tomemos, por ejemplo, el Shabat.

Muchos creen que es el domingo, pero fue instituido y cambiado por los hombres, no por Elohim. Durante generaciones, las personas han creído estas mentiras y mandatos de los hombres en lugar de la verdad y el mandato de Elohim. Los hombres, en su propio orgullo ignorante, ordenaron que el día de Shabat fuera cambiado al domingo, llevando a las masas por mal camino y lejos de la verdad y el mandamiento de Elohim.

Los Panes sin Levadura, al igual que los otros tiempos señalados, es un mandamiento que fue eliminado de los pensamientos y las vidas de las personas, cuando los hombres que tenían poder y autoridad sobre las personas decidieron no enseñar estos mandamientos y distanciarse de Israel debido a sus propios orgullo, tradición, poder y sus propias interpretaciones que no tenían la sabiduría y el sentido común de Elohim.

Cosas que hacer durante la semana de los Panes sin Levadura:

EL TIEMPO DESIGNADO DE LOS PANES SIN LEVADURA

Muchas personas se invitan mutuamente a sus casas para compartir una comida sin levadura o merienda de pan ácimo durante la semana.

1. Lea las Escrituras.

2. Recuerde el sacrificio de Yeshua.

3. Tome el primer día y el último día libre del trabajo.

4. Congregarse y comer matzá.

Celebración.

Sabiendo lo que sabe ahora, puede añadir alegría a su vida celebrando la cena de la Pascua para conmemorar la liberación de la esclavitud o la esclavitud del pecado el día 14 de Aviv y celebrar la semana de los panes sin levadura no comiendo levadura y recordando la salvación y la pureza de Yeshua en su vida, así como en las vidas de los muchos israelitas de la época de Moshé que experimentaron la liberación.

"Samuel dijo: "¿Se complace YHVH tanto en los Ofrendas quemadas y sacrificios como en obedecer la voz de YHVH? He aquí, **obedecer es mejor que los sacrificios***, y escuchar que la grasa de los carneros " (1 Samuel 15:22).*

LOS TIEMPOS DESIGNADOS DE YHVH ELOHIM

Producto alimenticio:
Pizza de matza

Ingredientes necesarios:
Matza, salsa para pizza, queso rallado, pepperoni de pavo.

Receta:
1. Coloque la matza en una bandeja para hornear galletas.
2. Cubra la matza con salsa de pizza.
3. Cubra con queso rallado y pepperoni de pavo.
4. Ase durante unos cuatro o cinco minutos (establezca un temporizador).
Puede sustituir, añadir o quitar ingredientes si lo desea.

El primero de la cosecha.

5
EL TIEMPO DESIGNADO DE LOS PRIMEROS FRUTOS

Las Primicias son la resurrección de Yeshua. Él lo hizo una vez, y para todas las personas. Él fue la primera cosecha; luego, los que confiaron le siguieron (Hebreos 10:10).

¿Se imagina ver a gente que estaba muerta caminando por la ciudad? Esto es lo que sucedió cuando Yeshua murió y fue resucitado.

"Se abrieron los sepulcros y muchos cuerpos de las personas sagradas que habían muerto fueron resucitados; y saliendo de los sepulcros después de la resurrección de Yeshua, entraron en la ciudad santa y se aparecieron a muchos" (Mateo 27:52-53).

Las Primicias, también conocidas como el Día de la Resurrección, es por mejor la fecha más importante de todos los Tiempos

LOS TIEMPOS DESIGNADOS DE YHVH ELOHIM

Señalados. Es un tiempo que trae nuevos comienzos al mundo entero, un tiempo de conquistar al enemigo de todos los tiempos y tener victoria sobre la muerte.

"Muerte, ¿dónde está tu aguijón? Muerte, ¿dónde está tu victoria?" (1 Corintios 15:54- 55).

El Día de la Resurrección hace posible lo imposible, convierte lo natural en sobrenatural y transforma la realidad en esperanza: la esperanza de que todos podamos disfrutar de la vida eterna con Yeshua el Mesías.

Las Escrituras nos dicen que un día todos moriremos y entonces vendrá el juicio (Hebreos 9:27). Además, nos dice que Yeshua fue ofrecido una sola vez para cargar con los pecados de muchos y que volverá, no para ocuparse del pecado, sino para liberar a los que le esperan ansiosamente (Hebreos 9:28).

Durante el Tiempo Señalado de los Panes sin Levadura, aprendimos que los panes sin levadura simbolizan la pureza, la perfección, la santidad y el estar sin pecado. Mientras Yeshua estuvo aquí en la tierra, se convirtió en la ofrenda perfecta, pura y santificada.

A través de Él, se nos permitirá entrar en la Ciudad Santa en el nuevo cielo, donde Él está haciendo todo nuevo.

Apocalipsis 21:27: " No entrará en ella ninguna cosa profana, ni el que hace abominación o mentira, sino sólo los que están escritos en el libro de la vida del Cordero".

1 Corintios 6:9-11: "¿O no sabes que los injustos no heredarán el Reino de Dios? No te dejes engañar. Ni los fornicarios, ni los idólatras, ni los adúlteros, ni los prostitutos, ni los

EL TIEMPO DESIGNADO DE LOS PRIMEROS FRUTOS

homosexuales, ni los ladrones, ni los avaros, ni los borrachos, ni los calumniadores, ni los extorsionadores, heredarán el Reino de Dios. Algunos de ustedes eran así, pero fueron lavados. Pero fuiste santificado. Pero fuistes justificados en el nombre del Señor Yeshua y en el Espíritu de nuestro Dios."

Cuando lees los obituarios y leemos sobre las personas que han muerto físicamente. Esta muerte física puede ser conquistada ganando la vida espiritual eterna a través de la victoria de la resurrección de Yeshua.

Entonces, la pregunta es: ¿qué son las Primicias?

El término "primicias" se refiere a algo o alguien que viene primero. Muchas cosas llegan primero; por ejemplo, el primer hijo, el primer trabajo, el primer precio, el primer cheque, los primeros productos de la tierra, etc. Muchas cosas pueden ser referidas como "primero", pero cuando hablamos de este tiempo especialmente señalado, estamos hablando de la primera persona que fue resucitada de la muerte. Yeshua fue el único que murió, resucitó y venció a la muerte.

"Pero ahora el Mesías ha resucitado de entre los muertos. Se convirtió en el primer fruto de los que han muerto " (1 Corintios 15:20).

¿Con QUÉ propósito?

Para la liberación del pecado:

1 Juan 3:8: " El que peca es del diablo, porque el diablo peca desde el principio. Para esto fue revelado el Hijo de Dios: para destruir las acciones del Adversario".

LOS TIEMPOS DESIGNADOS DE YHVH ELOHIM

Purificación y santificación:

Romanos 11:16: " Si el primer fruto es santo, también lo es la masa. Si la raíz es santa, también lo son las ramas".

¿Cómo sucedió esto?

Por el poder de Elohim: Hechos 2:24: "a quien Dios resucitó, habiéndolo librado de la agonía de la muerte, porque no era posible que fuera retenido por ella".

¿POR QUÉ?

Así, podemos tener el perdón de los pecados, la vida eterna y estar con Él para siempre porque Elohim nos ama.

En 1 Corintios 15:21-28 se lee:

"Porque por cuanto la muerte vino por un hombre, también por un hombre vino la resurrección de los muertos. Porque, así como en Adán todos mueren, así también en el Mesías todos serán vivificados. Pero cada uno en su orden: el Mesías las primicias, luego los que son del Mesías, en su venida. Entonces vendrá el fin, cuando entregará el Reino a Dios Elohim, el Padre, y haiga abolido todo principado y toda autoridad y potestad. **Porque él debe reinar hasta haber puesto a todos sus enemigos debajo de sus pies.** El último enemigo que será abolido es la muerte. Porque "El todo lo puso a sujetó bajo sus pies. Pero cuando dice: "Todo está sujeto a sujeción", es evidente que queda exceptuado aquel que le sujetó **todas las cosas**. Cuando todas las cosas le hayan sido sujetas, entonces también el Hijo mismo se sujetará al que le sujetó todas las cosas, para que Dios (YHVH) sea todo en todos."

EL TIEMPO DESIGNADO DE LOS PRIMEROS FRUTOS

LOS TIEMPOS DESIGNADOS DE YHVH ELOHIM

¿Qué día se celebran los Primeros Frutos?

Las Primicias toman lugar en la tarde del día siguiente al Shabat semanal (el séptimo día), o hacia la tarde del Shabat semanal. Se trata del primer día de la semana, que es el domingo, que se extiende desde la tarde del sábado hasta la tarde del domingo. En otras palabras, las Primicias es el domingo.

Por favor tenga en cuenta que Yeshua fue resucitado alrededor de las 3 p.m. del día de Shabat/o el Shabat semanal del sábado, así que estaba despierto y pudo haber salido de la tumba o pudo haber esperado hasta la tarde del sábado. Él es Yeshua y dijo que Él es el Señor del Shabat. La salvación y el descanso se hicieron disponibles para la humanidad en el momento en que Él resucitó de entre los muertos. Esa disponibilidad para la salvación está activa veinticuatro horas al día, siete días a la semana. Está en funcionamiento todo el tiempo, disponible para que todos entren en el descanso y la salvación de Yeshua el Mesías. Esta es la razón por la que durante el Shabat, Yeshua estuvo sanando, enseñando y ayudando a la gente a conocer Su descanso y el shalom que puede encontrarse en Él.

Vamos a ver a las Escrituras para conocer el calendario de acontecimientos:

Cuando celebrar los Primeros Frutos/Día de Resurrección:

El día después del Shabat:

Levítico 23:10-11: "Habla a los hijos de Israel y diles: Cuando haigas entrados en la tierra que yo les doy y recojan sus cosechas maduras, llevaras al sacerdote la gavilla como primicia de los primeros frutos de su cosecha. Él agitará la gavilla delante de

EL TIEMPO DESIGNADO DE LOS PRIMEROS FRUTOS

YHVH, para que sea aceptada. **Al día siguiente del Shabat, el sacerdote lo agitará".**

¿Cómo sabemos que las primicias es del Shabat semanal y no del primer día de los Panes sin Levadura, que también era un Shabat?

Las Escrituras nos dicen que el primer fruto es durante la semana de los panes sin levadura:

Levítico 23:12-14: "El día que ofrezcas la gavilla, ofrecerás **un cordero de un año, sin defecto**, en quemadura a YHVH. **La ofrenda de** grano será un galón de harina amasada con aceite, ofrenda encendida a YHVH en olor agradable; y la libación con ella será de vino, la cuarta parte de un hin. **No comerás pan, ni grano tostado, ni grano fresco, hasta este mismo día, hasta que hayas traído la ofrenda de tu Dios.** Este será un estatuto perpetuo por sus generaciones en todas sus viviendas."

Yeshua es, y Él fue la gavilla que se agitó.

Él era el sacrificio del cordero macho, y el grano era su carne. Su resurrección tomó lugar durante la semana de los Panes sin Levadura. Por eso el versículo 14 dice que no debían comer del grano nuevo o fresco de los panes sin levadura hasta la ofrenda. Piénselo: el sumo sacerdote sale y mece el pan el día después del Shabat. En el caso de Yeshua, resucitó alrededor de las 3 de la tarde; entonces se convirtió en la gavilla que se ondeaba el día después del Shabat semanal. Entonces, después de esta ofrenda, podían participar del pan sin levadura hecho con grano nuevo o grano fresco, o del grano nuevo tostado cual es Yeshua.

LOS TIEMPOS DESIGNADOS DE YHVH ELOHIM

Luego, hacia el atardecer del Shabat semanal, se convertía en domingo o primer día de la semana (todavía durante los Panes sin Levadura).

Recapitulación:

Aviv 14, miércoles - el cordero muere - Yeshua muere alrededor de las 3 p.m.

Aviv 15, jueves - salieron de Egipto por la mañana – Yeshua está en la tumba.

Aviv 16, viernes - Yeshua está en la tumba.

Aviv 17º, sábado - Yeshua es resucitado alrededor de las 3 p.m.

18 de Aviv, domingo - Yeshua no está en tumba.

Por eso, cuando las damas fueron a la tumba después del Shabat semanal, el domingo por la mañana, encontraron la tumba vacía.

Juan 20:1: "**Ahora el primer día de la semana**, Myriam de Magdala Fue temprano, cuando todavía estaba oscuro, al sepulcro, y vio la piedra estaba quitada del sepulcro".

¿Qué debemos saber entonces?

Los Primeros Frutos o el Día de la Resurrección siempre será en domingo porque es el día después del Shabat semanal.

EL TIEMPO DESIGNADO DE LOS PRIMEROS FRUTOS

¿Durante cuánto tiempo estuvo muerto Yeshua?

Mateo 12:40: " Porque como estuvo Jonás en el vientre del gran pez **tres días y tres noches, así estará el Hijo del Hombre** en el corazón de la tierra **tres días y tres noches.**"

Como seres humanos, podemos ser muy intelectuales, muy inteligentes y muy astutos. Y cuando adquirimos estas cosas de la sabiduría de Elohim, podemos contar números y saber que un día completo y una noche completa constituyen un día. Digamos que Yeshua murió alrededor de las 3 p.m.; entonces necesitamos contar tres días completos y tres noches completas.

De miércoles a jueves = 1 día

De jueves a viernes = 2 días

De viernes a sábado = 3 días

¿Qué significan para nosotros la muerte y la resurrección de Yeshua?

<u>Otorga a la humanidad el perdón de los pecados y la vida después de la muerte.</u>

Romanos 8:11: " Pero si el Espíritu de aquel que levantó de los muertos a Yeshua mora en ustedes, el que levantó de los muertos a Yeshua el Mesías también dará vida a sus cuerpos mortales por su Espíritu que mora en ustedes".

¿Qué debemos hacer mientras esperamos el regreso de Yeshua?

LOS TIEMPOS DESIGNADOS DE YHVH ELOHIM

<u>Vivan vidas justas.</u>

Romanos 8: 12-13: "Así que, hermanos, somos deudores, no a la carne, para vivir según la carne. Porque si vives según la carne, es necesario que mueras; pero si por el Espíritu haces morir las acciones de la carne, vivirán."

1 Juan 1:9: " Si confesamos nuestros pecados, él es fiel y justo para perdonarnos los pecados y limpiarnos de toda maldad".

Qué hacer en los días de las Primicias y cómo celebrarlo:

<u>Comer pan sin levadura</u>

Levítico 23:14: "No comerás pan, ni grano tostado, ni grano fresco, hasta este mismo día, hasta que hayas traído la ofrenda de tu Dios. Este será un estatuto perpetuo por sus generaciones en todas sus viviendas".

<u>Las Escrituras nos dicen que traigamos la gavilla.</u>

Yeshua es nuestra ofrenda:

Levítico 23:10: "Habla a los hijos de Israel y diles: Cuando haigas entrados en la tierra que yo les doy y recogen la cosecha, llevaras al Cohen la primicia de sus primeros frutos".

<u>Nosotros mismos nos convertimos en las primicias una vez que nos arrepentimos y creemos en Yeshua como el Mesías y Salvador venidero.</u>

1 Corintios 15:20-23: "Pero ahora el Mesías ha resucitado de entre los muertos. Se convirtió en el primer fruto de los que duermen. Porque por cuanto la muerte vino por un hombre,

EL TIEMPO DESIGNADO DE LOS PRIMEROS FRUTOS

también por un hombre vino la resurrección de los muertos. Porque así como en Adán todos mueren, así también en el Mesías todos serán vivificados. Pero cada uno en su orden: el Mesías las primicias, luego los que son del Mesías, en su venida".

Quizás podamos celebrarlo con amigos y familiares creyendo y teniendo ESPERANZA en que el Mesías, Yeshua, regresará. (Recuerde comer sólo alimentos sin levadura.)

1 Corintios 6:14: " Ahora Dios resucitó al Señor, y también a nosotros nos levantará con su poder ".

1 Corintios 15:52: "en un momento, en un abrir y cerrar de ojos, al sonar la última trompeta. Porque sonará la trompeta y los muertos resucitarán incorruptibles, y nosotros seremos transformados ".

¿Por qué la muerte de Yeshua no se considera un sacrificio humano?

Deuteronomio 32:17-18: "Hicieron sacrificios a demonios, no a dioses, a dioses que no conocían, a dioses nuevos que surgieron recientemente, a los que sus padres no temían. De la Roca que fue tu padre, te has olvidado y te has olvidado de Dios (EL) que te hizo nacer".

Esto puede ser difícil de explicar, pero intentaré hacerlo aquí:

Cuando los seres humanos realizaban sacrificios, lo hacían a sus dioses, que no son dioses en absoluto. Lo hacían por su disposición egoísta y para satisfacer su malvado corazón y carácter.

LOS TIEMPOS DESIGNADOS DE YHVH ELOHIM

Los mandamientos de Elohim nos dicen que no debemos matar ni cometer asesinatos. Sacrificar a un ser humano iría en contra los mandamientos, que se mencionan en Éxodo 20.

Deuteronomio 12:31: No harás estas cosas a YHVH tu Dios; porque toda abominación que YHVH aborrece, la han hecho a sus dioses; porque incluso queman a sus hijos y a sus hijas en el fuego en honor de sus dioses ".

Yeshua vino a dar Su vida por Su propia voluntad para vencer a la muerte por nosotros para que podamos tener una salida del pecado cual conduce a la muerte.

Elohim le envió para salvar al mundo, pero el mundo no le aceptó.

Al contrario, el mundo Le odiaba porque era perfecto, santo y provenía del Padre. Yeshua señaló en la Torá que los hombres por sí mismos no podían obtener la reconciliación con Elohim a causa de su pecado. Así que Yeshua, por Su voluntad, fue enviado por el Padre para ser mediador y traer la reconciliación entre los hombres y Elohim. A través de Su perfecta obediencia, y siendo uno con el Padre, venció a la muerte. Yeshua vino del Padre, y como vino del Padre, era UNO y el mismo. Estaba lleno del poder de Elohim y, al mismo tiempo, bajo obediencia sumisa a Él.

Juan 10:17-18: "Por eso el Padre me ama, porque pongo mi vida, para volverla a tomar. **Nadie me lo quita, sino que yo mismo lo hago por mi propia voluntad.** Tengo poder para dejarlo y tengo poder para volver a tomarlo. Recibí este mandamiento de mi Padre".

Como era odiado por los hombres, fue condenado a muerte por las malas acciones de la gente. Pero, al final, Él tomó las acciones

EL TIEMPO DESIGNADO DE LOS PRIMEROS FRUTOS

malvadas imperfectas y les dio muerte en la hoguera e hizo un camino para la vida. Lo hizo por Su propia voluntad, y por eso no es un sacrificio humano como la que hacen los paganos.

1 Corintios 8:6 nos asegura: " sin embargo, para nosotros hay un solo Dios (EL), el Padre, de quien son todas las cosas, y nosotros para él; y un Señor, Yeshua el Mesías, por quien son todas las cosas, y por él vivimos."

Fuimos creados a través de Yeshua en el Espíritu, pero entonces Adán, el primer hombre, pecó, y a través de él, obtuvimos la muerte, pues ya no teníamos la capacidad de comer del árbol de la vida. La carne entonces muere y se descompone, y como no es espíritu ni tiene el poder del espíritu, no puede por sí misma traer vida porque es pecaminosa e impura. Yeshua entonces tuvo que venir en forma humana para tomar en cautividad nuestra desobediencia siendo obediente y para vencer el pecado resucitando. Yeshua entonces vino en una misión para lograr el perdón y la vida eterna para aquellos que quisieran tenerlo. Todo esto es hecho por el poder sobrenatural del Espíritu que no podemos entender o tener la habilidad de hacer por nosotros mismos. El ganó la batalla a través del Espíritu porque los principados malignos no son de la carne sino espirituales.

"Porque nuestra lucha no es contra sangre y carne, sino contra principados, contra potestades, contra los gobernantes de las tinieblas de este siglo, y contra las fuerzas espirituales de maldad en las regiones celestiales." (Efesios 6:12).

Tomó sangre porque Elohim purifica todo a través de la sangre. La vida está en la sangre:

"Porque la vida de la carne o cuerpo está en la sangre. Se lo he dado sobre el altar para hacer expiación por sus almas;

porque es la sangre la que hace expiación por razón de la vida " (Levítico 17:11).

Así es como Elohim hace las cosas. Él es Elohim, y Él tiene Sus maneras de hacer las cosas, y esto es algo que necesita ser aceptado, así como Yeshua aceptó la obediencia. Por lo tanto, Yeshua, a través del poder y la autoridad que le fueron dados, volvió a la vida y está vivo.

Cuando lo vi, caí a sus pies como un muerto. Puso su mano derecha sobre mí y me dijo: "No tengas miedo. Yo soy el primero y el último, y el Viviente. Estaba muerto, y he aquí estoy vivo por los siglos de los siglos. Amén.

Tengo las llaves de la Muerte y del infierno" (Apocalipsis 1:17-18).

Yeshua nos amó tanto que " quien se entregó a sí mismo por nuestros pecados, para librarnos de este presente siglo malo, conforme a la voluntad de nuestro Dios y Padre " (Gálatas 1:4).

Conceptos erróneos sobre las primicias:

1. El primer fruto es el día después del primer día de los Panes sin Levadura.

Sabemos que no es este día porque la familia y los amigos de Yeshua removieron el cuerpo de Yeshua de la hoguera antes de la Fiesta de los Panes sin Levadura el 15 de Aviv, y Él todavía estaba muerto o en la tumba hasta el sábado 17 de Aviv como alrededor de las 3 de la tarde.

2. Yeshua se levantó el domingo por la mañana.

Sabemos que Él no estaba en la tumba el domingo por la

EL TIEMPO DESIGNADO DE LOS PRIMEROS FRUTOS

mañana. Se despertó en Shabat (o sábado) hacia las 3 de la tarde.

Mateo 16:24 "Entonces Yeshua dijo a sus talmidim: "Si alguno quiere seguirme, que se niegue a sí mismo, que tome su estaca de ejecución y me siga".

LOS TIEMPOS DESIGNADOS DE YHVH ELOHIM

La Cosecha

6
EL TIEMPO DESIGNADO DE SHAVUOT

Shavuot significa "viaje". También significa semanas o siete semanas. Se celebra en el mes hebreo de Sivan (mayo/junio). Es la época de la cosecha del trigo, también conocida como las "primicias tardías". Es la entrega del Espíritu Santo y también se conoce como Pentecostés. Pasamos por un viaje a medida que aceptamos a Yeshua en nuestras vidas.

Ezequiel 39:29: "Ya no les esconderé más mi rostro; porque he derramado mi Espíritu sobre la casa de Israel', dice el Señor YHVH ".

Elohim nos llama a tener fe como llamó a Abraham en

Génesis 12:1: " Y YHVH dijo a Abram: Deja tu tierra, tus parientes y la casa de tu padre, y vete a la tierra que yo te mostraré ".

Como llamó a Rut en Rut 2:11: "Booz le respondió: Me han contado todo lo que has hecho por tu suegra después de la muerte de tu marido, y cómo has dejado a tu padre, a tu madre y la tierra donde naciste, y has venido. a un pueblo que no conocías antes'".

LOS TIEMPOS DESIGNADOS DE YHVH ELOHIM

Como llamó a Moshé en hebreos 11:29: "**Por la fe** atravesaron el Mar Rojo como por tierra seca. Cuando los egipcios intentaron hacerlo, se ahogaron porque el mar los sumergió."

Sí, Yeshua nos llama a cada uno de nosotros. Él nos dice en Apocalipsis 3:20: " He aquí, estoy a la puerta y llamo. Si alguno oye mi voz y abre la puerta, entraré a él y cenaré con él, y él conmigo ".

Yeshua quiere estar con nosotros. Quiere tener comunión con nosotros. Quiere que estemos en Su presencia.

Génesis 3:8-9: " Oyeron la voz de YHVH Elohim caminando en el huerto al fresco del día, y el hombre y su mujer se escondieron de la presencia de YHVH Dios entre los árboles del huerto. YHVH Elohim llamó al hombre y le dijo: "¿Dónde estás?".

Vamos a buscar a YHVH, porque Él está dispuesto y es fiel. Murió por nosotros y nos dejó un hermoso regalo: El Espíritu Santo/Ruach Hachodesh.

Shavuot es la culminación de la muerte de Yeshua sellándola con el Ruach Hachodesh, nuestro consejero personal, amigo y verdad.

Lucas 3:16: "Entonces Yojanán les respondió a todos: "Yo en verdad los bautizo con agua, pero viene uno más poderoso que yo, de quien no soy digno de desatarle la correa de sus sandalias. Él los bautizará en el Ruach Hachodesh y en fuego".

Hechos 1:14: " Todos estos en unión se dedicaron a oración y súplica, junto con las mujeres, y Miryam la madre de Yeshua, y con sus hermanos. "

EL TIEMPO DESIGNADO DE SHAVUOT

Debemos utilizar nuestra lengua para proclamar a Yeshua y ser testimonio de Su Reino.

"Cuando llegó el día de Shavuot, estaban todos unánimes en un mismo lugar. De repente vino del cielo un ruido como el de un viento violento que soplaba, y llenó toda la casa donde estaban sentados. Aparecieron lenguas como de fuego que se les repartieron y descanzo sobre cada uno de ellos. Todos fueron llenos del Espíritu Santo y comenzaron a hablar en otras lenguas, ya que el Espíritu les daba la capacidad de hablar" (Hechos 2:1-4).

Shavuot es una de las tres fiestas de peregrinación de Elohim que Él nos ordena celebrar.

"Contaras siete semanas. Desde el momento en que comiences a meter la hoz en el grano, empezarás a contar siete semanas. Celebrarás la fiesta de las semanas a YHVH tu Elohim con un tributo de ofrenda voluntaria de tu mano, que darás conforme a cómo te bendiga YHVH tu Elohim. Te alegrarás delante de YHVH tu Elohim: tú, tu hijo, tu hija, tu siervo, tu sierva, el levita que está dentro de tus puertas, el extranjero, el huérfano y la viuda que están en medio de ti, en el lugar donde YHVH tu Elohim elegirá hacer habitar allí su nombre. Recordarás que fuiste esclavo en Egipto. Observarás y cumplirás estos estatutos" (Deuteronomio 16:9-12).

Shavuot es el final de la cosecha de cebada y el comienzo de la de trigo. Shavuot también se conoce como Semanas. Las primicias tempranas (cebada) es la Fiesta de los primeros Frutos y luego vienen las Primicias tardías (trigo) la Fiesta de Shavout o Semanas.

LOS TIEMPOS DESIGNADOS DE YHVH ELOHIM

¿Cuándo es Shavuot?

Cincuenta días después del Shabat semanal.

Levítico 23:15-21: "**Contarás desde el día siguiente del Shabat**, desde el día en que trajiste la gavilla de la ofrenda mecida: siete sábados se cumplirán. El día siguiente al séptimo sábado contarán cincuenta días; y ofrecerán una ofrenda nueva a YHVH. De sus casas sacaran dos panes para ofrenda mecida, hechos de dos décimas de efa de harina fina. Serán cocidos con levadura, como primicias para YHVH. Presentarás con el pan siete corderos de un año, sin defecto, un novillo y dos carneros. Serán ofrendas quemadas a YHVH, con su ofrenda de comida y bebida, ofrenda encendida de olor grato a YHVH. Ofrecerás un macho cabrío como ofrenda por el pecado, y dos corderos de un año como sacrificio de ofrendas de paz. El sacerdote los mecerá con el pan de las primicias como ofrenda mecida delante de YHVH, con los dos corderos. Serán santos a YHVH para el sacerdote. Harás proclamación el mismo día en que tendrán una santa convocación. No harás ningún trabajo regular. Este será un estatuto perpetuo en todas sus viviendas por sus generaciones."

Entonces, ¿cuándo empezamos a contar?

Empezamos a contar el día después del Shabat semanal, el DOMINGO de resurrección.

Levítico 23:9-14: "YHVH dijo a Moshé: Habla a los hijos de Israel y diles: Cuando haigas entrados en la tierra que yo les doy y y recojan su cosecha, traerás la gavilla como primicia de los primeros frutos de su siega. al sacerdote. Él agitará la gavilla delante de YHVH, para que sean aceptados. Al día siguiente del sábado o Shabat, el sacerdote lo mecerá. El día que ofrezcas la gavilla, ofrecerás un cordero de un año, sin defecto, como ofrenda quemada a YHVH. La ofrenda de grano con dos décimas de harina amasada con aceite, ofrenda encendida a YHVH en olor grato; y la libación con ella será de vino, la cuarta parte de un hin. **No comerás pan, ni grano tostado, ni grano fresco, hasta este mismo día, hasta que hayas traído la ofrenda de tu Elohim.** Este será un estatuto perpetuo por sus generaciones en todas sus viviendas."

¿De qué Shabat?

¿Después del Shabat semanal o después de la resurrección?

Existe una controversia sobre qué día después del Shabat debemos comenzar el recuento. Pues bien, las Escrituras dejan muy claro que es el día después del Sabbat. De acuerdo entonces, ¿de qué Sabbat estamos hablando? Si leemos las Escrituras, sabremos que hay varios Sabatot durante la fiesta de los Panes sin Levadura: los dos Sabatot de los Panes sin Levadura y el Sabbat semanal de siete días.

"El día quince del mismo mes es la fiesta de los panes sin levadura a YHVH. Siete días comerás pan sin levadura. **El primer día tendrán una santa convocación. No harás ningún trabajo regular.** Pero ofrecerás ofrenda encendida a YHVH durante siete días. **En el séptimo día hay una santa convocación. No harás ningún trabajo regular**".
(Levítico 23:6-8).

El versículo siete dice que debemos tomarnos el primer día libre, que es el primer día de los Panes sin Levadura. Esto es un SHABAT.

LOS TIEMPOS DESIGNADOS DE YHVH ELOHIM

Ahora, cuando miramos el versículo ocho, nos dice que debemos tomar libre el último día de los Panes sin Levadura, que es el último día de la Fiesta. Esto también es un SHABAT.

Entonces, ¿cuándo es el día de Shavuot?

Se empieza a contar 50 días para Shavuot, el día después del Shabat semanal durante la fiesta de los Panes sin Levadura. Cincuenta días después es el tercer mes de Sivan, el día después del Shabat semanal.

El martes por la tarde era el comienzo de Pésaj. (Comenzaba por la tarde y se prolongaba hasta la noche siguiente, que es el miércoles).

El miércoles era el día de Pésaj, y Yeshua murió como a las 3 de la tarde. La tarde del miércoles era la tarde del 14 día (Pésaj) y también el comienzo de los Panes sin Levadura hasta la tarde siguiente (jueves), que es el ALTO SABBAT.

El primer Shabat semanal sería el día de la resurrección o de las primicias, porque Yeshua habría estado en la tumba tres noches y tres días. Por lo tanto, del sábado por la noche al domingo por la noche sería el Tiempo Señalado de los Primeros Frutos.

"YHVH preparó un pez enorme para tragarse a Jonás, y Jonás estuvo en el vientre del pez tres días y tres noches " (Jonás 1:17).

Por lo tanto, si empezamos a contar desde el día después del Shabat semanal, Shavuot siempre caerá en domingo. Comenzará el sábado por la noche y terminará el domingo por la noche, porque Yeshua resucitó el sábado (día del Shabat) y se convirtió en nuestras Primicias.

EL TIEMPO DESIGNADO DE SHAVUOT

Así como Él fue el primero y nosotros le seguimos, nos hemos convertido en Sus primicias, y al hablarle a las personas de Yeshua, ellos aceptan, también se convertirán en Sus primicias. Y de una semilla de mostaza crecerá el árbol más grande de todos. Yeshua, nuestro Mashiach, será glorificado por siempre.

Shavuot se trata de la cosecha, de los frutos y del suelo de la trilla.

Proverbios 20:26: " Un rey sabio separa a los malvados y hace pasar sobre ellos la rueda de la trilla.".

Cuando no caminamos en los caminos de Elohim, seguimos bajo el pecado de Adán y Eva. El pecado en nuestras vidas es como una concha que nos cubre y nos ciega a la verdad de Elohim. Shavuot nos recuerda el sacrificio de Yeshua y que con Su sacrificio se produce una separación. Nos recuerda que también debemos sacrificarnos espiritualmente separando el pecado de nuestras vidas con la ayuda de Yeshua el Mesías. Yeshua es la era de la división.

"Pero cuando Juan vio que muchos de los fariseos y saduceos venían a ser bautizados, les dijo: "Generaciones de víboras, ¿quién les enseñado a huir de la ira que vendrá? ¡Hacer, pues, frutos dignos de arrepentimiento! **En su mano tiene el tenedor para aventar y limpiará a fondo su cultiverio. Recogerá su trigo en el granero, pero quemará la paja en fuego inextinguible**". (Mateo 3:7-8,12)

Vea también Lucas 3:15-18.

Para cosechar el trigo se necesitaba una horca, un cernedor y una tabla con agujeros.

LOS TIEMPOS DESIGNADOS DE YHVH ELOHIM

Photo by Klas Harman, Unsplash.

EL TIEMPO DESIGNADO DE SHAVUOT

Para separar el trigo (la semilla) de la paja (el tallo, la parte que no es la semilla) se utilizaba una horquilla o tenedor para aventar.

¿Qué es el aventado?

Es la acción de eliminar las impurezas de la semilla utilizando la fuerza del aire. En este caso, se golpea el trigo para separarlo del tallo.

1. En primer lugar, hay que extenderlo en el suelo de la era.

2. Después, se bate para separarlo del tallo. También se utiliza un tribulus, una tabla con agujeros, y pequeñas piedras que ejercen presión sobre el trigo para separarlo.

3. Por último, se trilla lanzándolo hacia arriba con una horca para completar la separación del tallo.

Cuando tenemos un versículo bíblico como **"Lleva consigo su aventador, y limpiará su cultiverio o la cosecha, juntando su trigo en el granero, pero quemando la paja con fuego inextinguible"**, comprendemos que la palabra de Elohim es el tenedor de aventar que separa el bien del mal.

Adán y Eva trajeron la muerte, pero la palabra de Elohim, a través de Yeshua, trae una separación que conduce a la vida. Muchas veces, cuando atravesamos dificultades y momentos desagradables, nos sentimos presionados a movernos. Este movimiento hace que separemos ciertos comportamientos en nuestras vidas. Las dificultades y las tribulaciones nos hacen examinar nuestro comportamiento, considerar lo que hacemos bien y lo que hacemos mal. Entonces, si somos sensatos, nos deshacemos de los malos comportamientos. Esto es una separación. Yeshua recogerá el grano bueno (trigo) y tirará la cáscara, la piel y el tallo. Se deshace de todas las impurezas del pecado.

"Yeshua les dio esta respuesta: 'Ha llegado el momento de que el Hijo del Hombre sea glorificado. **De cierto les digo, que, si el grano de trigo no cae en la tierra y muere, queda solo. Pero si muere, da mucho fruto.** El que ama su vida la perderá. El que aborrece su vida en este mundo, la conserva para vida eterna'". (Juan 12:23-25)

La era o el piso donde se trilla, donde tiene lugar el aventamiento, es un lugar de juicio, unlugar donde se separan el bien y el mal. Yeshua es ese lugar de la era o cultivo donde las personas que creen en Él serán separadas de los que no creen.

En Mateo 13:28-30, vemos a Yeshua hablando de las hierbas malas: "Él les dijo: 'Un enemigo ha hecho esto'. "Los siervos le preguntaron: '¿Quieres que vayamos a recogerlas?' "Pero él dijo: 'No, no sea que mientras recoges la cizaña, con ellos arrancas el trigo. Dejen que ambos crezcan juntos hasta la cosecha, y en el tiempo de la cosecha diré a los segadores: **"Recojan primero la cizaña y átenla en manojos para quemarla; pero recoge el trigo en mi granero".**

Un día, Yeshua volverá, y Su mano será el tenedor que arrojará el tallo o las impurezas. Él es el Tribulus que presiona sobre nuestras vidas para que elijamos la vida en lugar de la muerte. Él es el cernedor que separa el buen trigo de la basura.

Yeshua recogerá la cosecha al final de los tiempos. Separará las ovejas de las cabras, lo limpio de lo impuro, y cualquiera que siga haciendo las acciones de la carne, su vieja naturaleza, no será hallado en el libro de la vida. Piensa en el tribulus o

EL TIEMPO DESIGNADO DE SHAVUOT

la tabla que aplastaba el trigo para separarlo. La palabra de Elohim separa las impurezas de nuestras vidas aplastándolas con la Torá, del mismo modo que Yeshua también fue aplastado y magullado porque cargó con nuestros pecados.

"Así como muchos se asombraron de su apariencia porque así de desfigurada era su apariencia de la de cualquier hombre, y su forma desfigurada más que no parecía hombre". (Isaías 52:14).

Isaías 53:5: "Pero él fue herido a causa de nuestros delitos, Fue aplastado por nuestras iniquidades. Sobre él recayó el castigo que trajo nuestra paz; y por sus heridas somos curados".

El Levítico 23 nos dice que, durante la fiesta de Shavuot, el Sumo Sacerdote mecía dos panes leudados, el de Judá y el de Israel. Un día, estos dos panes con levadura, junto con las demás ovejas que no son de este redil, se convertirán en un solo pan sin levadura, y todo Israel se salvará.

El leproso preguntó a Yeshua: " Señor, si quieres, puedes limpiarme", y Yeshua dijo: "Yo Quiero " (Mateo 8:2-3). "

Se convertirán en un rebaño con solo un pastor" (Juan 10:16).

Esforcémonos para ser parte de la gran cosecha de los tiempos finales.

¿Por qué contamos 50 días?

"A éstos también se mostró vivo después de haber padecido, con muchas pruebas, apareciéndoseles durante cuarenta días, y hablándoles del Reino de Dios." (Hechos 1:3).

LOS TIEMPOS DESIGNADOS DE YHVH ELOHIM

Los discípulos recibieron el Espíritu Santo el día de Shavuot (Hechos 1, 2, 3).

Los israelitas llegaron al monte Sanai en el tercer mes:

"**Al tercer mes de la salida** de los hijos de Israel de la tierra de Egipto, aquel mismo día llegaron al desierto del Sinaí." (Éxodo 19:1).

Yeshua estuvo con Sus discípulos durante 40 días y les dijo que fueran a Jerusalén y esperaran el don del Ruach Hachodesh (Espíritu Santo), que iba a suceder durante el Tiempo Señalado de Shavuot.

"Reuniéndose con ellos, les mandó: No se fueran de Jerusalén, sino que esperaran la promesa del Padre de la cual ustedes me escucharon hablar". (Hechos 1:4).

"Habiendo dicho estas cosas, mientras ellos miraban, fue alzado, y una nube lo ocultó de sus vistas " (Hechos 1:9).

Shavuot es el periodo de tiempo entre los Panes sin Levadura y el día de Shavuot (Levítico 23). Es el periodo de tiempo entre el tiempo de la cosecha de la cebada y el tiempo de la cosecha del trigo (Deuteronomio 16:9- 12).

Es el periodo que transcurre desde que Yeshua ascendió al cielo y los discípulos esperaron en Jerusalén (Hechos 1:4). Es el tiempo elegido por Elohim para hacer la ofrenda de grano de las segundas primicias (Levítico 23:15-16). Es el momento elegido por Elohim para revelarse y ser uno con Su pueblo (Ezequiel 11:19-20). Es el tiempo del viaje de Egipto al Monte Sinaí (Éxodo 19:1), y el tiempo de la obediencia (Deuteronomio 16:12).

EL TIEMPO DESIGNADO DE SHAVUOT

Qué hacer durante el recuento.

En la montaña, como preparación para Elohim, se lavaron y purificaron (Éxodo 19.). En tiempos de Yeshua, los discípulos se reuníeron, dedicándose a la oración (Hechos 1).

Conceptos erróneos sobre Shavuot: la Fiesta de las Semanas o Pentecostés.

La idea errónea de que la gente tiene que quedarse despierta toda la noche leyendo las Escrituras porque Elohim les había hablado durante la noche, pero ya era por la mañana.

"YHVH dijo a Moshé: "He aquí, yo vengo a ti en una espesa nube, para que el pueblo oiga cuando hablo contigo, y también crea en ti para siempre". Moshé le contó las palabras del pueblo a YHVH". **Al tercer día, cuando ya era de mañana**, hubo truenos y relámpagos, y una espesa nube sobre el monte, y un sonido de trompeta muy fuerte; y todo el pueblo que estaba en el campamento tembló" (Éxodo 19:9,16).

Tradiciones de Shavuot:

Leer el libro de Rut. El libro de Rut tiene que ver con un Redentor, que simboliza a Yeshua como nuestro Redentor. Sin embargo, también tiene que ver con la cosecha de nueva vida, como la forma en que Rut se apegó a Elohim.

Cinco razones por las que debemos celebrar Shavuot:

1. *Él lo ordenó:*

Levítico 23:15-21: "Contarás desde el día siguiente del sábado o Shabat, desde el día en que trajiste la gavilla de la ofrenda mecida: siete sábados se cumplirán. El día siguiente al séptimo sábado contaras cincuenta días; y ofrecerán una ofrenda nueva a YHVH. De sus lugares sacaras dos panes para ofrenda mecida, hechos de dos décimas de harina. Serán cocidos con levadura, como primicias para YHVH. Presentarás con el pan siete corderos de un año, sin defecto, un novillo y dos carneros. Serán ofrendas quemadas a YHVH, con su ofrenda vegetal y sus bebidas, ofrenda encendida de olor grato para YHVH. Ofrecerás un macho cabrío como ofrenda por el pecado, y dos corderos de un año como sacrificio de ofrendas de paz. El sacerdote los mecerá con el pan de las primicias como ofrenda mecida delante de YHVH, con los dos corderos. Serán santos a YHVH para el sacerdote. **Harás proclamación el mismo día en que tendrás una santa convocación. No harás ningún trabajo regular. Este será un estatuto perpetuo en todas sus viviendas por sus generaciones."**

2. Convicción al mundo - El regalo de la Ruaj Hachodesh o Espíritu Santo:

Juan 16:7-11: "Sin embargo, les digo la verdad: Les conviene que yo me vaya, porque si no me voy, el consejero no vendrá a ustedes. Pero si me voy, se lo enviaré. Cuando él venga, condenara al mundo de pecado, de justicia y de juicio; del pecado, porque no creen en mí; de justicia, porque me voy a mi Padre, y ya no me veras más; acerca del juicio, porque el príncipe de este mundo ya ha sido juzgado".

3. Fue profetizado:

Jeremías 31:(32)33: "Pero este es el pacto que haré con la casa de Israel después de aquellos días", dice YHVH: "Pondré mi Torah en sus entrañas, y la escribiré en su corazón. Yo seré su Dios y ellos serán mi pueblo".

EL TIEMPO DESIGNADO DE SHAVUOT

4. El testimonio de Yeshua:

Juan 15:26-27: "Cuando venga el Consolador, a quien yo les enviaré del Padre, el Espíritu de verdad, que procede del Padre, él dará testimonio de mí. Tú también testificarás, porque has estado conmigo desde el principio".

5. Enseñar y recordar

Juan 14:25-27: "Estas cosas les he dicho mientras aun este viviendo entre ustedes. Pero el Consolador, el Espíritu Santo, a quien el Padre enviará en mi nombre, les enseñará todas las cosas y les recordará todo lo que les he dicho. La paz les dejo. Mi paz les doy; yo se lo doy, no como el mundo da. No se preocupe en su corazón, ni tenga miedo".

6. Bautizo - Cosechar los beneficios de conocer a Elohim:

Hechos 1:4-5: "Reuniéndose con ellos, les ordenó que no se vallan de Jerusalén, sino que esperen por la promesa del padre cual me escucharon hablarles. Pues Yochanan solía sumergir a las personas en agua; pero ustedes serán bautizados en el Espirito Santo en unos pocos días".

¿Cómo celebrar Shavuot?

1. Recordando las palabras, los mandamientos y las normas de Yeshua.

2. Ya que el Ruaj es nuestro maestro, celebramos escuchando a el Ruaj, aprendiendo y esperando.

3. Bautizarse en el Espíritu Santo.

4. Toma el día libre y congrégate.

LOS TIEMPOS DESIGNADOS DE YHVH ELOHIM

5. Alaba, adora y lee las Escrituras. (Éxodo 19, Hechos 1, 2, etc.)

Shavuot en pocas palabras:

1. Fiesta de las Semanas o Pentecostés.

2. Contar 50 días desde el Shabat semanal, o día de la resurrección/primeros frutos.

3. Siempre será en domingo, puesto que Yeshua resucitó a las 3 de la tarde del sábado. Cuando las mujeres visitaron la tumba el domingo por la mañana, Él no estaba allí.

4. Es una fiesta de verano después de la Pascua, los panes sin levadura y primicias.

5. Se ha cumplido en parte. Aún queda cosecha por recoger.

6. No trabajar.

7. La entrega del Ruaj/Espíritu Santo y cuando Elohim les habló en el monte Sinaí.

8. Leer los pasajes asociados a Shavuot son la entrega del Espíritu Santo en Hechos 1, 2 y Éxodo 19, entre muchos otros, pues Shavuot se trata de la cosecha.

9. Yeshua es el Espíritu Santo.

10. El mecimiento de los dos panes.

11. Congregarse.

12. Habrá una cosecha final, en la que los que acepten a Yeshua serán uno con el Mesías Yeshua.

EL TIEMPO DESIGNADO DE SHAVUOT

Ninguno de los Tiempos Señalados ha expirado. Son mandamientos perpetuos. Yeshua hace que los Tiempos Señalados estén vivos y sean reales.

"Entonces vi una nube blanca, y sobre la nube a uno sentado **como un hijo de hombre**, y tenía en la cabeza una corona de oro y en la mano una hoz afilada. Otro ángel salió del templo, clamando a gran voz al que estaba sentado en la nube: Envía tu hoz y siega; porque ha llegado la hora de cosechar; ¡Porque la cosecha de la tierra está madura! El que estaba sentado en la nube metió su hoz en la tierra, y la tierra fue cosechada" (Apocalipsis 14:14-16).

Hay muchos que aún llegarán a conocerle mientras esperamos Su gran retorno. Yeshua es la sombra de lo que ha de venir. Yeshua vino como ofrenda por el pecado. Su bondad y sus misericordias son eternas, por lo tanto, Su sombra de las cosas buenas por venir es eterna.

"Además, el Reino de los Cielos es como una red Cual echada en el mar recoge peces de toda clase, que, una vez llena, los pescadores la sacan a la orilla. Se sentaron y recogieron los buenos en recipientes, pero tiraron los malos. Así será en el fin del mundo. Vendrán los ángeles y separarán a los malvados de entre los justos, y los echarán en el horno de fuego. Habrá llanto y crujir de dientes" (Mateo 13, 47-50).

LOS TIEMPOS DESIGNADOS DE YHVH ELOHIM

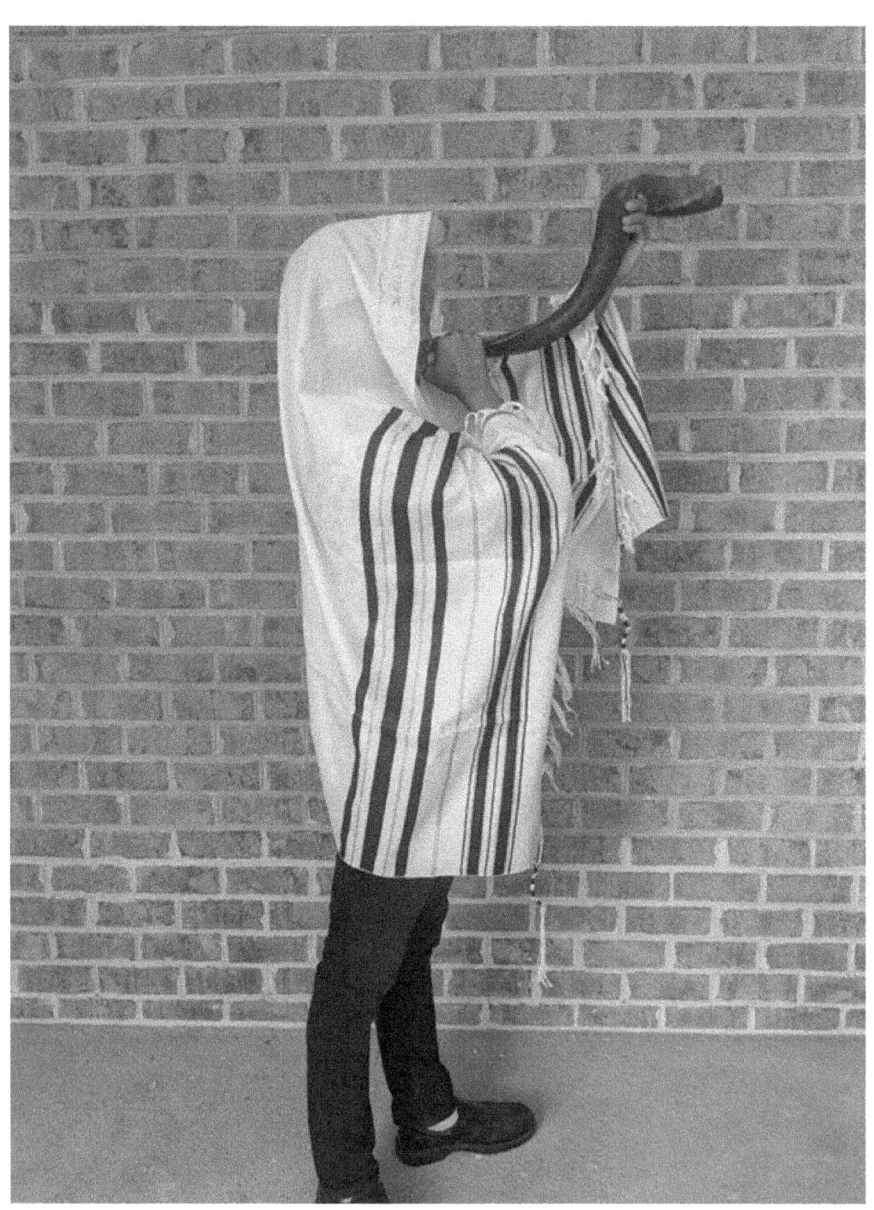

7
EL TIEMPO DESIGNADO DE YOM TERUAH - EL DÍA DE SOPLAR EL SHOFAR

Yom Teruah se celebra el primer día del séptimo mes durante una luna nueva y Elohim nos dice que hagamos un estruendo como recuerdo. También se conoce como el día de tocar los shofares.

Bienaventurados los que aprenden a aclamarte. Caminan a la luz de tu presencia, YHVH " (Salmos 89:15).

Shofar viene de la palabra shifer (שִׁפֵּר), que significa mejorar, volverse bueno, enmendar, rectificar y hacer un cambio correctivo. El shofar es una llamada a cambiar de vida, una alarma o un grito de que hay otra forma de conducir tu vida. El shofar es como el detector de incendios que hay en tu casa.

LOS TIEMPOS DESIGNADOS DE YHVH ELOHIM

Te avisa de que hay una fogata y de que, si no se apaga, puede destruir y matar. La alarma de incendios da una señal, una advertencia de que algo grave está a punto de suceder. Lo mismo ocurre con el shofar. Es una alarma que señala que algo grave está a punto de suceder. El shofar es la voz de Yeshua que te llama a despertar, a corregir tu camino. Es una llamada para que abandones el ancho camino de la perdición y que tome el camino de la salvación. Yeshua es la salvación que nos llama a cada uno de nosotros a través del shofar.

Él está dando el llamado de que volverá:

Apocalipsis 11:15: "El séptimo ángel hizo sonar su shofar, y se oyeron grandes voces en el cielo, que decían: '¡El Reino del mundo se ha convertido en el Reino de nuestro Señor y de su ¡Mesías, y él reinará por los siglos de los siglos!'".

El soplar del shofar es una llamada al arrepentimiento:

Joel 2:1: " ¡Soplen el shofar en Tziyón! ¡Den la alarma en mi monte santo! Que tiemblen todos los habitantes en la tierra, ¡porque se acerca el Día de YHVH, está cerca".

Hay una llamada para celebrar el Yom Teruah:

Números 29:1: "Y en el mes séptimo, el día primero del mes, tendrás una santa convocación; no harás ningún trabajo servil; es día de soplar la trompeta para ti". NOTA: No dice trompeta ni shofar, sino Teruah:

וּבַחֹדֶשׁ הַשְּׁבִיעִי בְּאֶחָד לַחֹדֶשׁ, מִקְרָא-קֹדֶשׁ יִהְיֶה לָכֶם--כָּל-מְלֶאכֶת עֲבֹדָה, לֹא תַעֲשׂוּ:
JPS יוֹם **תְּרוּעָה**, יִהְיֶה לָכֶם.

¿Has invitado alguna vez a alguien a una celebración especial?

EL TIEMPO DESIGNADO DE YOM TERUAH

Imagina a Yeshua. Él nos ha estado invitando a formar parte de Su reino año tras año a través de sus tiempos señalados. Nos llama a través de sus celebraciones de Pascua, Ha Matza, Ha Bikkurim, Yom Teruah, Yom Kippur, y Sukkot y Shabat. Las Escrituras nos dicen que somos viajeros en este mundo, Extranjeros (Levítico 25:23).

Todos recorremos caminos diferentes, pero hay un camino que todos debemos recorrer para recibir la salvación eterna. Debemos viajar a través de Yeshua.

Números 10 nos dice que las trompetas se tocaban para levantar el campamento y seguir adelante. Para detenerse y continuar. Pues bien, lo mismo puede decirse de los tiempos señalados de Elohim. Él nos dice y nos da instrucciones a través de sus tiempos señalados sobre cuándo detenernos y cuándo continuar. Vivimos vidas ajetreadas, y a medida que avanzamos en nuestras vidas, afortunadamente con Yeshua de nuestro lado, lo seguimos, y viajamos con Él y seguimos Sus instrucciones. Para Yom Teruah, Él nos ordena levantar el campamento, descansar y tener un momento señalado con Él.

Levítico 23:24-25" "Habla a los hijos de Israel, diciendo: En el mes séptimo, el día primero del mes, tendrán un descanso solemne, un **memorial** (en hebreo zichron) proclamado con toque de cuernos (en hebreo teruah תְּרוּעָה) una santa convocación. Nota: Que No dice cuerno, shofar o trompeta, sino Teruah. No harán ningún trabajo servil; y traerán una ofrenda hecha por fuego al Señor."

דַּבֵּר אֶל-בְּנֵי יִשְׂרָאֵל, לֵאמֹר: בַּחֹדֶשׁ הַשְּׁבִיעִי בְּאֶחָד לַחֹדֶשׁ, יִהְיֶה לָכֶם שַׁבָּתוֹן--זִכְרוֹן **תְּרוּעָה**, מִקְרָא-קֹדֶשׁ. Leviticus 23:24

Las Escrituras nos dicen que tengamos un Día Conmemorativo.

LOS TIEMPOS DESIGNADOS DE YHVH ELOHIM

"Memorial" es algo que se utiliza para honrar a una persona que ha muerto o para recordar un acontecimiento en el que murieron muchas personas.

Un recuerdo o una conmemoración.

Muchas veces, en nuestras vidas, pensamos en el pasado y recordamos acontecimientos malos de nuestra vida, como la muerte de un ser querido, un divorcio, una enfermedad y tantas otras cosas en las que podemos pensar y recordar. A veces, sin embargo, nos olvidamos de recordar las cosas buenas de nuestra vida y nos centramos en cambio en las malas experiencias. Elohim quiere que nos acordemos de Él durante Yom Teruah y hagamos sonar una alarma y recordemos que hay algo superior a nuestras malas experiencias en nuestras vidas. Hay algo superior a nuestras circunstancias presentes o pasadas. Rahab, que era conocida como prostituta, oyó hablar del Dios de Israel y permitió que la alarma sonara con fuerza en su mente y en su corazón. Había oído hablar de los milagros del Elohim de Israel y de Su amor y compasión. Así que cambió sus malos caminos y activó la alarma para seguir al Elohim de Israel. Puso su confianza en el Elohim de Israel y aprovechó el momento para unirse a Él.

Josué 2:8-13: "Antes de que se hubieran acostado, ella se les acercó al tejado. Ella dijo a los hombres: "Sé que YHVH les ha dado la tierra, y que el temor de ustedes ha caído sobre nosotros, y que todos los habitantes de la tierra se aterrorizados ante ustedes. Porque hemos oído cómo YHVH secó las aguas del Mar Rojo al frente de ustedes, cuando saliste de Egipto; y lo que hicieron con los dos reyes amorreos que estaban al otro lado del Jordán, con Sehón y con Og, a quienes destruiste por completo. Tan pronto como lo oímos, nuestro corazón se desmayó, y no hubo más espíritu en ningún hombre a causa de ustedes; porque YHVH su Elohim, Él es Elohim arriba en los cielos y abajo en la tierra. Ahora pues, júrenme por YHVH,

EL TIEMPO DESIGNADO DE YOM TERUAH

ya que he sido bondadosa con ustedes, que ustedes también serán bondadosos con la casa de mi padre, y me darán una señal verdadera; y que salvarás la vida a mi padre, a mi madre, a mis hermanos y a mis hermanas, y todo lo que tienen, y librarás nuestras vidas de la muerte'".

¿Con qué problemas te enfrentas hoy?

¿Qué situación de tu vida te aleja de Elohim?

¿Qué circunstancias te están deteniendo?

¿Qué estás esperando?

Yeshua está tocando a tu puerta.

Yom Teruah es un momento para recordar que hay esperanza; que hay alguien más alto a nuestras circunstancias; que hay alguien que nos ama tanto que dio Su vida por nosotros. Derramó sangre por nosotros para que los malos acontecimientos y las malas circunstancias se puedan superar hoy, igual que Rahab venció su situación. Hay esperanza. Hay una oportunidad. Hay un camino mejor, no sólo para nosotros, sino para nuestros familiares, nuestros amigos, nuestros compañeros de trabajo y todos los demás. Hay vida pagada con sangre por Yeshua el Mesías.

Josué 6:22-23: "Josué dijo a los dos hombres que habían espiado la tierra: "Vallan a casa de la prostituta y saquen de allí a la mujer y todo lo que tiene, como le juraron". Los jóvenes espías entraron y sacaron a Rahab con su padre, su madre, sus hermanos y todo lo que tenía. También sacaron a todos sus parientes y los pusieron fuera del campamento de Israel."

Yom Teruah es un tiempo de salvación y un tiempo para recordar que desde la fundación de la tierra hemos sido

LOS TIEMPOS DESIGNADOS DE YHVH ELOHIM

inscritos en Su libro de la vida, y que tenemos el poder de mantenerlo allí o de borrarlo. El poder que tenemos se llama confianza, y debemos humillarnos y decir: "Sí, te necesitamos,

Yeshua. Sí, te aceptamos como nuestro Mesías. Sí, hemos pecado y nos arrepentimos. Y hoy hacemos sonar la alarma para recordar el sacrificio, el derramamiento de la sangre y el alto precio que se pagó por nuestra salvación y para tener vida eterna".

¿Qué significan las palabras "Yom Teruah"?

Yom significa día.

Teruah significa תְּרוּעָ֫ה estruendo, soplido, grito, regocijo, alarma, sonido alegre, grito de alarma, alerta, alarma de guerra o sonido de címbalos (salmos 150:5).

Teruah procede de la palabra raíz rua רוּעַ , que significa lanzar un grito o un toque sonido.

Taqa significa soplar תָּקַע

Yom Teruah means "a day of shouting", or "sounding an alarm with the Shofar/trumpets".

Yom Teruah significa "un día de gritos", o "hacer sonar una alarma con el Shofar/trompetas".

¿Por qué celebrar el Yom Teruah?

1. Es un mandamiento. (Números 29:1)

2. Como creyentes en Yeshua, queremos celebrarlo porque Yeshua vino a **cumplir** la Torá.

EL TIEMPO DESIGNADO DE YOM TERUAH

Torah תּוֹרָה significa enseñanza, dirección, instrucciones.

Yeshua no vino a abolir la Torá; pero vino a cumplirla.
(Mateo 5:17-20)

La palabra "cumplir" en hebreo es malei o malt, que significa instruir, enseñar o confirmar: dar el significado completo de la Torá. Así pues, Él vino a enseñarnos acerca de Sí mismo, a explicar la Torá, obedecerla y cumplirla.

3. Para recordar que Yeshua va a regresar.

Yom Teruah se relaciona con la Venida de Yeshua.

1 Tesalonicenses 4:16-18: "Porque el Señor mismo descenderá del cielo con voz de mando, con voz de arcángel y con trompeta de Dios. Los muertos en el Mesías resucitarán primero, luego nosotros los que vivimos, los que hayamos quedado, seremos agarrados juntamente con ellos en las nubes, para recibir al Señor en el aire. Así estaremos con el Señor para siempre. Por tanto, consuélense unos a otros con estas palabras".

No soy judío, así que ¿por qué celebrarlo?

Levítico 23:1-2: "YHVH dijo a Moshé: Habla a los hijos de Israel y diles: 'Las fiestas fijadas de YHVH, que proclamaran como santas convocaciones, estas son **mis fiestas señaladas**".

Números 15:15-16: "Para la asamblea habrá un estatuto para ustedes y para el extranjero que vive como extranjero, es un estatuto perpetuo por sus generaciones. Como es para ustedes, así será para el extranjero delante de YHVH. Una Torá y una ordenanza serán para ustedes y para el extranjero que vive con ustedes como extranjero."

LOS TIEMPOS DESIGNADOS DE YHVH ELOHIM

Levítico 19:34: " El extranjero que vive contigo como extranjero será como a un nativo entre ustedes, y lo amarás como a ti mismo; porque vivieron como extranjeros en la tierra de Egipto. Yo soy YHVH tu Elohim ".

Qué hacer en Yom Teruah (Día del Soplido):

1: Celebrar el primer día del séptimo mes. (Levítico 23:23-25)

2: Tomar el día libre. Ten un Shabat/Shabaton elevado. (Levítico 23:23-25)

3: Toca las trompetas. (Levítico 23:23-25)

4: Celebra una Santa Convocación. (Levítico 23:23-25)

5: Recordar / tener un día conmemorativo. (Levítico 23:23-25)

6: Arrepiéntete. (Joel 2:12-14)

Como vemos, Shabat entra de nuevo en escena. Nosotros descansamos en Yeshua y en todo lo que Él ofrece a través de Yom Teruah.

¿Recordar o tener un Memorial de qué?

1. Para recordar a Elohim.

Números 10:10: "También en tus días de regocijo, en tus tiempos señalados y en el nuevo mes, harás sonar **las trompetas** sobre tus ofrendas y sobre los sacrificios de tus ofrendas de paz; éstos serán tu recordatorio ante tu Elohim. Yo soy YHVH, tu Elohim".

EL TIEMPO DESIGNADO DE YOM TERUAH

A. <u>Sacrifica una ofrenda quemada</u>: Yeshua es nuestra ofrenda quemada. Nosotros debemos recordar Pésaj y lo que Él hizo por nosotros.

"Pero Dios demuestra su amor por nosotros en que, mientras siendo aun pecadores, el Mesías murió por nosotros" (Romanos 5:8).

B. <u>Sacrifica una ofrenda de paz</u>: Yeshua es nuestra ofrenda de paz. Se convirtió en nuestro filtro para que podamos acercarnos con valentía al trono de Dios. Antes de ser llevado al cielo, dejó Su paz.

"Porque si siendo enemigos fuimos reconciliados con Dios por la muerte de su Hijo, mucho más, estando reconciliados, seremos salvados por su vida" (Romanos 5:10).

2. Para que Elohim se acuerde de nosotros.

Números 10:9 dice "Cuando vayas a la guerra en tu tierra contra un adversario que te oprime, harás sonar la alarma con las trompetas; entonces serás recordado ante YHVH tu Elohim, y serás salvo de tus enemigos."

A. Podemos obtener la victoria sobre nuestros enemigos que nos oprimen.

B. Invocamos a Elohim para que se acuerde de nosotros y sepamos que confiamos en Su fuerza y no en la nuestra.

C. Demostramos que amamos a Elohim.

LOS TIEMPOS DESIGNADOS DE YHVH ELOHIM

3. Recuerda que Yeshua va a regresar.

Mateo 24:4-5: "Yeshua respondió: "Tener cuidado de que nadie los engañe. Porque muchos vendrán en mi nombre, diciendo: "Yo soy el Mesías", y llevaran a muchos por el mal camino".

Mateo 24:30-31: "y entonces aparecerá en el cielo la señal del Hijo del Hombre. **Entonces todas las tribus de la tierra lamentaran**, y verán al **Hijo del Hombre venir sobre las nubes** del cielo con poder y gran gloria. Enviará a sus ángeles con gran sonido del **shofar**, y reunirán a sus escogidos de los cuatro vientos, desde un extremo del cielo hasta el otro".

4. Recuerda los tiempos y las estaciones.

Joel 2:30-31: "Mostraré maravillas en los cielos y en la tierra sangre, fuego y columnas de humo. El sol se convertirá en tinieblas y la luna en sangre, antes que venga el día grande y temible de YHVH".

Diferentes dispositivos y técnicas para Soplar

Tomémonos un breve momento para comprender que hay dos tipos de trompetas en las Escrituras. Está el shofar, cuerno de carnero o trompeta, que significa algún tipo de cuerno que procede de un animal. Luego están las Chasoserot, חֲצֹצְרֹת las trompetas de plata mencionadas en Números 10. Se utilizan para diferentes propósitos, pero también con los mismos fines. Las trompetas de plata las tocan los sacerdotes, mientras que el shofar lo puede tocar el pueblo.

En Levítico 23:24, la Escritura no utiliza las palabras "cuerno" o "trompeta", sino que emplea la palabra "Teruah". Recuerda

EL TIEMPO DESIGNADO DE YOM TERUAH

que Teruah significa grito o toque de trompeta. En Números 29:1, no dice "cuerno" ni "trompeta", sino que utiliza la palabra hebrea "Teruah".

En Números 10:5-6, se utiliza la palabra hebrea "Teruah".

En Números 10:10, dice "trompeta", que en hebreo es chasoserot.

"Toquen el shofar en la luna nueva, en la Luna Llena en el día de nuestra fiesta " (Salmos 81:3). Esta Escritura habla de Yom Teruah en luna nueva y de Sucot en luna llena, y utiliza la palabra Shofar en hebreo. Así que, como podemos ver, ambas se utilizan indistintamente.

Conceptos erróneos y engaños sobre Yom Teruah:

Hoy en día, la gente celebra las fiestas como si fueran del mundo. Pero en las Escrituras debe celebrarse como se indica. Cualquier otra cosa sería cambiar o añadir a la palabra de Elohim.

Cuando llega el séptimo mes, que es alrededor de septiembre u octubre en el mundo actual, Israel y otras naciones celebran Rosh Hashaná, o el Año Nuevo. Sin embargo, las Escrituras nos dicen que el primer día del séptimo mes es Yom Teruah, o Día del Soplido, y no se menciona el Año Nuevo.

Esto cambia entonces la perspectiva de la celebración como algo mundano. El significado de lo que Elohim está transmitiendo se pierde cuando la celebración cambia de Yom Teruah a Año Nuevo.

En Éxodo 12:2, Elohim nos dice que el Año comienza durante la Pascua, que es alrededor de marzo/abril. Por tanto, el

LOS TIEMPOS DESIGNADOS DE YHVH ELOHIM

séptimo mes es sólo el séptimo mes. Yom Teruah no es Rosh Hashaná ni el Año Nuevo. Elohim nos dio Yom Teruah como un mandamiento y nos ordenó soplar.

Se dice que es el año nuevo porque, a lo largo de las décadas, el pueblo que estaba cautivo en Babilonia solía celebrar el año nuevo de los babilonios el primer día del séptimo mes, y mantuvieron esa costumbre. Sin embargo, en la Biblia no es el año nuevo.

Tradiciones sobre cómo soplar:

Tengamos presente que la Escritura no nos habla de todos los sonidos siguientes. Sin embargo, sí nos dice que soplemos TERUAH, que significa soplar (Teqa/Tequia en hebreo) o hacer sonar una alarma.

Si visitas alguna congregación durante la Fiesta de Yom Teruah, muchas han adoptado técnicas de soplo que proceden de la tradición.

1. Tequías: Un toque largo y único (el sonido de la coronación del rey).

2. Shevarim: Tres toques cortos semejantes a lamentos (significa arrepentimiento, lamento, llanto. Shever significa roto. Tres sonidos cortos y quebrados.

3. Teru'ah: Nueve toques entrecortados de alarma para despertar el alma. A toque de cuerno.

4. Tekiah ha-Gadol: Un gran toque largo durante todo el tiempo que puedas soplar.

De nuevo, la Escritura nos dice que toquemos una alarma fuerte, pero no nos dice cuántas veces. Ten en cuenta la

EL TIEMPO DESIGNADO DE YOM TERUAH

tradición, pero no la confundas con la verdad. Elohim quiere que TERUAH.

La obediencia es la clave del éxito. Abraham experimentó este éxito cuando mostró obediencia a Elohim en relación con su hijo Isaac. Confió en Elohim, y Elohim no sólo proveyó a Abraham, sino que también llamó a Abraham Su amigo (Sant 2:23). De la misma manera, debemos confiar en Elohim respecto a Sus tiempos señalados.

Ahora, vamos a resumir.

¿Qué es Yom Teruah?

Es un día de gritos o de soplar el shofar o trompetas. Es un Moe dim o un tiempo o estación señalados.

¿Qué hacemos en este día?

1. Recordar. 2. Mantenerlo santo. 3. Presenta una ofrenda hecha por fuego, cual es Yeshua. 4. Descansa. 5. Sopla/Teruah. 6. Tomar el día libre. 7. Arrepentirse.

¿Cuándo lo hacemos?

El primer día del séptimo mes del año, cual es la luna nueva.

¿Por qué debemos hacerlo?

Porque es un mandamiento (Levítico 23:23-25, Números 29:1, Levítico 23:24). También, porque Yeshua nos habla de los tiempos del shofar en Mateo 24:29-31. Además, es un llamado al arrepentimiento en los últimos días (Hechos 2:20-210) y a la salvación (Joel 2:32, Romanos 10:13).

LOS TIEMPOS DESIGNADOS DE YHVH ELOHIM

¿Puso Yeshua este mandamiento en la cruz o en la hoguera?

No. Él se convirtió en el mandamiento. Yeshua es el Shofar. Yeshua vino para proporcionar la salvación, para limpiarnos del pecado.

Yeshua volverá para seguir cumpliendo todos los días de fiesta o tiempos señalados. La primera vez vino como un cordero para redimirnos de nuestros pecados. La segunda vez, viene como juez. Él No quiere que nadie caiga bajo este juicio. Por eso debemos decirles a las personas de Su sacrificio y por eso debemos tocar o soplar el shofar.

¿Cómo lo celebramos?

1. Reunirse. 2. Gritar o soplar el shofar o las trompetas. 3. Arrepentirse. 4. Descansar. 5. Recordar. 6. Tomar el día libre. 7. Disfrutar de una comida festiva. 8. Bailar, cantar, tocar instrumentos y regocijarse. 9. Hablar a la gente de Yeshua.

¿Qué se supone que debemos recordar?

Veamos de nuevo el número 10:10.

Números 10:10: "También en tus días de regocijo, en tus tiempos señalados y en el nuevo mes, harás sonar las trompetas sobre tus ofrendas y sobre los sacrificios de tus ofrendas de paz; <u>éstos serán tu recordatorio ante tu Elohim</u>. Yo soy YHVH, tu Elohim".

Este versículo utiliza la palabra "chasoserot" (trompetas).

Dice que servirán de recordatorio.

Cuando celebramos Yom Teruah, una de las cosas que se nos ordena hacer es "teruah"-tocar o soplar un fuerte sonido. Debemos recordar el sonido del shofar/trompeta porque necesitamos conocer el sonido, para que cuando Yeshua regrese, conozcamos el sonido y no tengamos miedo, sino que nos regocijemos.

¿Es un recordatorio para quién?

Para nosotros.

Del pacto de Elohim con nosotros.

Que Yeshua es nuestra ofrenda quemada y nuestra ofrenda de paz.

Ofrenda quemada = dedicación = Sacrificio. Murió por nosotros.

Ofrenda de paz = comunión. Él habita en nosotros.

Un recordatorio de que Él volverá, y de los acontecimientos que sucederán cuando Él regrese.

El secreto de **POR QUÉ** necesitas conocer el sonido:

Números 10:5-6 afirma: "Cuando toques la alarma, los campamentos del este se pondrán en marcha. Cuando toques una segunda alarma, los campamentos del sur se pondrán en marcha. Sonarán las alarmas para anunciar el momento de partir".

A medida que avanzamos hacia el próximo tiempo señalado de Elohim, aprenderemos sobre Yom Kippur, también conocido como el Día de la Expiación, en el que todo es limpiado y purificado. Por lo tanto, en el momento en que Yeshua realice esta limpieza y purificación, no quedará nada impuro. Yom Teruah es el último toque de llamada, que las Escrituras (Mateo 24:31, 1 Tesalonicenses 4:16 y Apocalipsis 11:15) describen como el día en que Yeshua descenderá con el sonido del shofar y reunirá a su pueblo.

LOS TIEMPOS DESIGNADOS DE YHVH ELOHIM

Números 10:6 nos revela el sonido Teruah que debemos escuchar, porque cuando lo oigamos, el versículo nos esta diciendo que vamos a avanzar en movimiento. <u>Sí, has leído bien: estamos saliendo de este mundo para entrar en el mundo de Su reino.</u> Esto es muy excitante, y por eso tenemos que escuchar y familiarizarnos con el sonido del shofar/trompetas, pues el versículo nos dice además que será la señal para salir.

Por lo tanto, no se dejen engañar por este o aquel sonido. El sonido que debes conocer es un soplo sostenido, único y fuerte, que reunirá a todo el pueblo.

Un día habrá un soplo final. Estén preparados, conozcan el sonido y estén expectantes ante Su gran venida.

1 Tesalonicenses 4:13-18: "Pero no queremos, hermanos, que sean ignorantes acerca de los que han dormido, para que no se entristezcan como los demás, que no tienen esperanza. Porque si creemos que Yeshua murió y resucitó, así también Elohim traerá consigo a los que han muerto en Yeshua. Por eso les decimos esto en palabra del Señor, que nosotros los que vivimos, los que quedamos hasta la venida del Señor, de ninguna manera precederemos a los que han muerto. Porque el Señor mismo descenderá del cielo con voz de mando, con voz de arcángel y con el shofar de Elohim. Los muertos en el Mesías resucitarán primero, luego nosotros los que vivimos, los que hayamos quedado, seremos tomados juntamente con ellos en las nubes, para recibir al Señor en el aire. Así estaremos con el Señor para siempre. Por tanto, consuélense unos a otros con estas palabras".

Tocar el shofar o la trompeta es una herramienta poderosa. Otros aspectos importantes del toque del shofar:

Un tiempo de retorno - Isaías 27:13

Un Tiempo de victoria - Jueces 7:22

EL TIEMPO DESIGNADO DE YOM TERUAH

Un Tiempo de limpieza - Levítico 25:9

Un tiempo de resurrección - 1 Corintios 15:22

Una asamblea solemne - Éxodo 19:16

Un tiempo de reunión - Mateo 24:31

Un tiempo para seguir - Zacarías 9:14

Un Tiempo de guerra - Jeremías 4:19

Un tiempo para dar testimonio - Isaías 58:1

Un tiempo para la ira de Elohim - Amós 2:2

Un tiempo de coronación - 1 Rey 1:34

Un tiempo de Alabanza - Salmo 150:3

Un tiempo de Venganza - Apocalipsis 8:7

El soplo y la audición del shofar nos ayudan a estar preparados para muchas cosas, especialmente para el regreso de Yeshua.

¿Estás LISTO para Yeshua? Acepta hoy a Yeshua en tu vida.

Salmos 47:5-8: "Elohim ha subido con voz de grito, YHVH con sonido del shofar. ¡Cantar alabanzas a Elohim! ¡Canta alabanzas! ¡Cantar alabanzas a nuestro Rey! ¡Canta alabanzas! Porque Elohim es el Rey de toda la tierra. Canten alabanzas con comprensión. Elohim reina sobre las naciones. Elohim se sienta en su santo trono".

LOS TIEMPOS DESIGNADOS DE YHVH ELOHIM

8
EL TIEMPO DESIGNADO DE YOM KIPPUR- EL DÍA DE LA EXPIACIÓN

Yom Kippur es un Tiempo Señalado muy especial.

Manténgase, pues, firmes en la libertad con que Mesía nos hizo libres, y no estén otra vez sujetos al yugo de la esclavitud" (Gálatas 5:1).

Un pastor preguntó una vez a un hombre quién era su cubertura. El hombre respondió: "Yeshua, por supuesto". El pastor procedió entonces a dirigirle una mirada muy extraña. Hoy, en nuestra sociedad, a muchas iglesias y organizaciones les gustaría que creyéramos que el pastor o el rabino de tal o cual organización es nuestra cobertura. Incluso algunas iglesias afirman que estamos cubiertos por esta organización o que pertenecemos a aquella organización.

LOS TIEMPOS DESIGNADOS DE YHVH ELOHIM

A Yeshua le hicieron esta misma pregunta durante Su estancia en la tierra.

Lucas 20:1-16: "Uno de aquellos días, mientras Yeshua estaba enseñando al pueblo en el templo y predicando la Buena Nueva, los sacerdotes y los escribas vinieron a él con los ancianos. Le preguntaron: "Dinos: ¿con qué autoridad haces estas cosas? ¿O quién te da esta autoridad? Él les respondió: "Yo también les haré una pregunta. Dime: el bautismo de Juan, ¿fue del cielo o de los hombres?" Ellos razonaron entre sí, diciendo: "Si decimos: 'Del cielo', él dirá: '¿Por qué no le creíste?' Pero si decimos: 'De los hombres', todo el pueblo nos apedreará, porque están convencidos de que Juan era un profeta". Respondieron que no sabían de dónde era. Yeshua les dijo: "Tampoco yo les diré con qué autoridad hago estas cosas". Comenzó a contarle a la gente esta parábola. "Un hombre plantó una viña, la alquiló a unos agricultores y se fue por mucho tiempo a otro país. A su debido tiempo, envió un siervo a los labradores para que recogiera su parte del fruto de la viña. Pero los granjeros lo golpearon y lo despidieron con las manos vacías. Envió otro siervo más, y ellos también lo golpearon, lo avergonzaron y lo despidieron con las manos vacías. Envió todavía un tercero, y ellos también lo hirieron y lo echaron fuera. El señor de la viña dijo: '¿Qué haré? Enviaré a mi amado hijo. Tal vez al verlo, lo respeten". "Pero cuando los granjeros lo vieron, discutieron entre ellos, diciendo: "Éste es el heredero". Vengan, vamos a matarlo para que la herencia sea nuestra. Entonces lo echaron de la viña y lo mataron. ¿Qué, entonces, les hará el señor de la viña? Él vendrá y destruirá a estos agricultores y dará la viña a otros".

Esto es lo que ocurrirá durante el tiempo especial de Yom Kippur. Yeshua murió, pero volverá.

EL TIEMPO DESIGNADO DE YOM KIPPUR

Así pues, cuando alguien se te acerque y te pregunte quién es tu cubierto, ¿qué se supone que debes decir?

"Yeshua, por supuesto".

Yeshua es nuestro supervisor defenivito. Él es quien siempre nos está cubriendo 24 horas al día, 7 días a la semana. Siempre está pendiente de nuestra seguridad, y el Ruach Hachodesh es como tener nuestro propio guardaespaldas y consejero personal. Yeshua es el único en quien podemos refugiarnos por completo.

Salmos 118:8-9: "Es mejor refugiarse en YHVH, que confiar en el hombre. Es mejor refugiarse en YHVH, que confiar en príncipes".

Salmos 146:3: "No confíes en príncipes, ni en un hijo de hombre o mortales en quien no hay ayuda".

Yeshua dijo en Juan 6:40: "Esta es la voluntad del que me envió, que todo el que vea al hijo y crea en él, tenga vida eterna; y lo resucitaré en el último día".

En Yeshua hay vida. A través de Él, tenemos perdón de los pecados, protección y vida eterna. Yeshua es digno de confianza, y sólo confiando en Él podemos obtener la vida eterna.

Sin embargo, muchas veces nos involucramos en cosas que van en contra de la palabra de Elohim. Esto me trae a la mente una parashá llamada Acharei Mot (después de la muerte). En ella se describe la muerte de los dos hijos de Aarón por acercarse a Elohim en desobediencia y hacer lo que ellos querían y cómo querían.

LOS TIEMPOS DESIGNADOS DE YHVH ELOHIM

"YHVH habló a Moshé después de la muerte de los dos hijos de Aarón, cuando se acercaron delante de YHVH, y murieron" (Levítico 16:1).

¿Alguna vez has pensado de ti mismo como un salvaje, viviendo una vida salvaje o que tienes un lado salvaje en tu personalidad? Piensa en los animales. A lo largo de la historia, hemos podido ver a través de documentales e investigaciones el comportamiento de los animales y cómo algunos de estos animales han sido domesticados y domados. Tanto es así que a algunos de estos animales se les denomina los mejores amigos del hombre.

Pero, ¿qué ocurre cuando algunos animales salvajes, como tigres, reptiles o animales marinos, se tienen como mascotas? A veces se producen resultados devastadores. No todos los animales pueden domesticarse porque pertenecen a la naturaleza. Pertenecen a las selvas, los desiertos, el aire y el mar. Han sido apartados para vivir en la naturaleza. Ése es el lugar donde son más felices.

El factor salvaje pertenece a lo salvaje porque así es como fueron hechos para funcionar después de la caída de Adán y Eva. Los animales actúan y se comportan como animales, devorando, conquistando, dominando y sobreviviendo. Para ellos es natural, pero para los seres humanos es antinatural.

En 2009, en algún lugar de Pensilvania, una familia criaba a un oso de 350 libras llamado Teddy desde que era un pequeño cachorro. Un día, cuando la madre, una mujer de 37 años, entró a limpiar la jaula, el oso la atacó y la mató mientras su familia se quedaba mirando. Dispararon al oso, pero ya era demasiado tarde. (THE ASSOCIATED PRESS OCT 05, 2009 AT 10:58 AM, POR MICHAEL RUBINKAM.)

EL TIEMPO DESIGNADO DE YOM KIPPUR

En Florida, una mujer con su novio, fueron condenados a 12 años de prisión en 2009 después de que su pitón mascota, que pesaba 13/½ libras, estrangulo a su hija de dos años. (Pitón estrangula a su hija por Jessica Hopper y Beth Loyd, 24 de Agosto de 2011, 3:58 PM ABC News.)

A veces, como seres humanos, nos comportamos como animales. Dejamos que la parte salvaje de nuestras vidas tome el control. Actuamos como si no tuviéramos una mente superior a la del reino animal. Nos sometemos a malos comportamientos y acciones que no traen gloria y honor a Elohim, nuestro Creador. Nos dejamos controlar por nuestros propios pensamientos, y queremos dominar y conquistar nuestras propias vidas haciendo las cosas a nuestra manera sin tener en cuenta a las personas que nos rodean. Queremos ser el poder y la cabeza de nuestro propio destino, y pensamos que podemos limpiar y expiar nuestras propias vidas.

El tema principal de la parashá Ajarei Mot en Levítico 16 (después de la muerte) es que Elohim nos trae a la memoria la muerte de los dos hijos de Aarón, Nadab y Abiú, que ofrecieron fuego extraño ante Elohim. Hicieron lo que les dio la gana en la casa de Elohim y con Sus objetos sagrados. No tuvieron ninguna consideración y le faltaron totalmente al respeto a Elohim.

Después de sus muertes, Elohim dio a Moshé algunas instrucciones sobre cómo debía acercarse Aarón a Elohim, con dos machos cabríos para expiar sus propios pecados, los del pueblo, el lugar santo, el tabernáculo de encuentro y el altar. Ajarei Mot (después de la muerte) habla del momento señalado de Yom Kippur, el Día de la Expiación. Yom Kippur habla del pecado y la expiación, del pecado y la liberación, y de cómo se puede eliminar el pecado cuando obedecemos

LOS TIEMPOS DESIGNADOS DE YHVH ELOHIM

las normas de Elohim. Habla de la muerte de alguien. Cuando hacemos algo que no está bien, ¿podemos limpiarnos? ¿Podemos perdonarnos? La respuesta es NO. Con los humanos es imposible, pero con Elohim todo es posible (Mateo 19:26).

Muchas veces en nuestras vidas, cuando hacemos algo, o cuando alguien nos hace algo, es muy difícil olvidar lo que hemos hecho, y es muy difícil olvidar y perdonar cuando alguien nos hiere. Levítico 16 nos dice que necesitamos algo afuera de nosotros mismos. Necesitamos un poder superior de nuestros propios pensamiento e intelecto para obtener pureza y limpieza. Entonces, ¿qué tienen que ver la muerte y dos machos cabríos con la expiación y la limpieza del pecado? ¿Después de la muerte de quién?

Levítico 16:15: "Luego, sacrificará el macho cabrío de la ofrenda por el pecado que es para el pueblo, y llevará su sangre al interior de la cortina y hará con su sangre lo que hizo con la sangre del toro, rociándola sobre la cubierta del arca y delante de la cubierta del arca."

Levítico 16:20-22: "Cuando haya terminado de expiar el Lugar Santo, la Tienda de Reunión y el altar, presentará el macho cabrío vivo. Aarón pondrá ambas manos sobre la cabeza del macho cabrío vivo, y confesará sobre él todas las iniquidades de los hijos de Israel, y todas sus transgresiones, y todos sus pecados; y las pondrá sobre la cabeza del macho cabrío, y por mano de un hombre preparado lo enviará al desierto. El macho cabrío llevará sobre sí todas sus iniquidades a una tierra desierta, y soltará al macho cabrío en el desierto".

¿Qué lección podemos aprender de los versículos anteriores?

Yeshua representaba a las dos cabras.

EL TIEMPO DESIGNADO DE YOM KIPPUR

"Así el Mesías, habiendo sido también ofrecido una sola vez para **llevar los pecados de muchos**, aparecerá por segunda vez no por nuestro pecado, sino por los que esperan en él para salvación " (Hebreos 9:28).

El macho cabrío que cayó ante Elohim era Yeshua, nuestro Sumo Sacerdote, que se entregó a Sí mismo como ofrenda por el pecado.

Yeshua no sólo fue sacrificado, sino que también se llevó los pecados del mundo.

Azazel o "chivo expiatorio" significa eliminar o desechar. En Levítico 16:10 aprendemos que el macho cabrío azazel se llevo todo lo impuro .

"Tal lejos está el oriente del occidente, así alejó de nosotros nuestras transgresiones " (Salmos 103:12).

Por lo tanto, Yeshua, nuestro Sumo Sacerdote, fue sacrificado por nuestros pecados y expió o purificó todo, se nos ha ordenado celebrar y recordar lo que Él hizo por nosotros en el Día de la Expiación, o Yom Kippur.

Levítico 23:26-32: " Levítico 23:26-32: "YHVH habló a Moshé: 'Sin embargo, el día diez de este séptimo mes es el día de Kippur o expiación. Será para ustedes una santa convocación. **Se afligirán** y ofrecerán ofrenda encendida a YHVH. No harán ninguna clase de trabajo en ese mismo día, porque es **Yom Kipur**, para hacer expiación por ustedes delante de YHVH su Elohim. Porque cualquiera que no se niegue a sí mismo en ese mismo día, será cortado de su pueblo. Cualquiera que haga cualquier tipo de trabajo en ese mismo día, lo destruiré de entre su pueblo. No harás ninguna clase de trabajo: esto es estatuto perpetuo por sus generaciones en todos sus lugares. Será para ustedes sábado de reposo solemne, **y se negaran** a sí mismos. En la tarde del día nueve del mes, al anochecer, a la tarde del día siguiente, guardaran su Shabat".

Como puedes ver, nos dice varias veces **que no debemos trabajar en este día**. Además, nos dice que aflijamos nuestras almas.

Muy a menudo, tomamos la palabra de Dios a la ligera. No vemos la impresión que está intentando transmitirnos. Pensamos en cosas mundanas, cosas que ahora mismo nos parecen muy importantes, pero al final no duran. Lo más esencial es la palabra de Elohim. Él nos dice que todas las cosas pasarán, pero su palabra nunca pasará.

Hacemos planes y nos preparamos para muchas ocasiones. Miramos hacia delante y nos tomamos los días libres necesarios para nuestros planes. Nos tomamos días libres en el trabajo para irnos de vacaciones, asistir a bodas y graduaciones, o días libres de maternidad, etc. Y planeamos y hacemos cosas durante los tiempos señalados por Elohim. Pero no miramos hacia delante para tomarnos tiempo libre y prepararnos para los críticos Tiempos Señalados de Elohim. Estamos en Su horario o calendario, no en el nuestro. Tenemos que planificar nuestro horario, trabajo, actividades y viajes alrededor a Su horario, no al nuestro.

Supón que Yeshua viene ahora mismo y te dice: "Quiero reunirme contigo el día 10 del séptimo mes, porque voy a presentarte a mi Padre". ¿Estarás allí, o estarás haciendo las cosas que te reclaman en este mundo? Claro que hay emergencias en este día, pero emergencias no se encuentran cada día de Yom Kippur. Mira a los discípulos de Yeshua. Él

EL TIEMPO DESIGNADO DE YOM KIPPUR

les dijo que permanecieran en Jerusalén hasta que se les concediera el don del Espíritu Santo, y ellos esperaron junto a unas mujeres, Miriam, la madre de Yeshua, y sus hermanos (Hechos 1:12-14).

Mucha gente interpreta "negarnos a nosotros mismos" como un día de ayuno, lo cual puede ser correcto. Pero cuando leemos las Escrituras, en realidad está hablando de negarnos a nosotros mismos de trabajar. Esto es precisamente lo que la mayoría de la gente quiere hacer todo el tiempo, porque quiere mantenerse a sí mismos y a su familia. Así que trabajar se convierte en una prioridad para ellos, y es muy difícil no hacerlo, sobre todo si sienten que necesitan los fondos para hacer esto y aquello.

Por lo tanto, Dios nos dice que no trabajemos este día porque "Es el Día de la Expiación, cuando se hace expiación por ti ante Elohim, tu Dios".

Además, "negarnos o afligirnos", en Levítico 23:27 se utiliza la palabra וְעִנִּיתֶם Anithem, que procede de la palabra Anah עָנָה Lo cual significa humillarnos e inclinarnos arrepentidos hacia Elohim. Muchos lugares de las Escrituras muestran el ayuno y la oración junto con la humildad y la súplica a Elohim. Sin embargo, ten en cuenta que la palabra Anah en sí misma no significa ayuno, sino aflicción en humildad hacia Elohim.

Piensa en quién observó el Yom Kippur y mencionó el ayuno. Pablo.

"Cuando había pasado mucho tiempo y el viaje ahora era peligroso, por la cual ya había pasado el ayuno, Pablo les amonestó." (Hechos 27:9).

LOS TIEMPOS DESIGNADOS DE YHVH ELOHIM

La palabra hebrea para ayuno en este contexto es הַצוֹם – Ha - Atsom – Atsom o el ayuno.

Cuando pensamos en la humildad en relación con el ayuno, podemos verlo a lo largo de las Escrituras (por ejemplo, el rey David, la reina Esther, Daniel, etc.).

Yom en hebreo significa Día.

Expiación en hebreo significa Kaporeth o Kippur: כָּפֶּר o כַּפֹּרֶת

Día de la Expiación significa propiciación, misericordia, cobertura, reconciliación, un lugar donde Elohim extiende misericordia, cubierta o misericordia, reparación por el mal cometido, expiación, compasión, pago, purificación, limpieza.

Propiciación empieza por "pro", que significa para. Por misericordia, por perdón, para reconciliación, para purificación, para satisfacción, por reparación.

Expiación significa quitar o eliminar algo. En este caso, quitar el pecado.

¿Dónde se produce esta expiación?

Esta expiación tiene lugar en el arca de la alianza, el trono de Elohim o el propiciatorio de Dios.

Éxodo 25:17-21: "Harás una cubierta de oro puro. Su longitud será de dos codos y medio, y su ancho de codo y medio. Harás dos querubines de oro trabajado a martillo. Las harás en los dos extremos del propiciatorio o cubierta. Haz un querubín en un extremo y otro querubín en el otro extremo. Harás los querubines en sus dos extremos de una sola pieza con la cubierta. Los querubines extenderán sus alas hacia arriba,

EL TIEMPO DESIGNADO DE YOM KIPPUR

cubriendo con sus alas el propiciatorio, con sus rostros uno hacia el otro. Los rostros de los querubines estarán hacia el propiciatorio. Pondrás la cubierta encima del arca, y en el arca pondrás el pacto que yo te daré".

La expiación es la reconciliación que estableció la justicia de Elohim, o Torá. Elohim es más puro y santo de lo que podemos imaginar o describir. Ninguna carne puede gloriarse en Su presencia; ningún pecado puede hallarse dentro de Sus confines (1 Corintios 1:29).

Recuerda el significado de Kapparah = cobertura, apropiación o reconciliación. En otras palabras, el pacto de sangre que arregló la relación rota causada por el pecado también arregló la pureza que se distorsionó y destruyó con la impureza y la desobediencia.

"Yeshua a quien Elohim envió para ser sacrificio expiatorio, mediante la fe en su sangre, para mostrar Su justicia mediante la superación de los pecados anteriores, mediante la misericordia de Elohim; ÉL demuestra su justicia en este tiempo presente; para que él mismo sea justo y justificador del que pone su fe en Yeshua" (Romanos 3:25-26).

Yeshua, mediante Su sangre, restauró la pureza y la justicia por el mal cometido, satisfaciendo la insatisfacción y la ira de Elohim.

Elohim abrió un camino a través de Yeshua el Mesías y lo sometió todo a Él para que pudiera haber restitución por el pecado.

"Porque la vida de la carne está en la sangre. Se lo he dado sobre el altar para hacer **expiación** por sus almas; porque es la sangre la que hace expiación por razón de la vida" (Levítico 17: 11).

LOS TIEMPOS DESIGNADOS DE YHVH ELOHIM

"Según la Torá, casi todo se limpia con sangre, y sin derramamiento de sangre no hay perdón." (hebreos 9: 22).

Yeshua proporcionó la expiación o limpieza. Y a través de Él, se elimina el juicio y se borra la condenación eterna.

"Hijos míos, les escribo estas cosas para que no pequen. Pero si alguno peca, tenemos un Intercesor ante el Padre: el justo Yeshua el Mesías. **Él es el sacrificio expiatorio por nuestros pecados, y no sólo por los nuestros, sino también por los de todo el mundo".** (1 Juan 2:1-2)

Entonces, ¿qué ocurre en Yom Kippur?

1. Dios envía a su hijo Yeshua. Muere para liberarnos de la esclavitud o del pecado durante la Pascua.

2. Yeshua lleva el sacrificio de sangre al trono de Dios para decir y mostrar que el pueblo que ha confiado en él está cubierto por Su sangre sacrificial, y que el perdón de sus crímenes ha sido satisfecho. Así pues, Yeshua representa la sangre de un macho cabrío para representar nuestro perdón. Luego representa el soltar el otro macho cabrío para quitar y cubrir y eliminar para siempre nuestra obstinación y nuestra desobediencia. Entonces son tomados y llevados al lago de fuego, donde serán destruidos para siempre y no serán recordados. Así pues, nos convertimos en un pueblo perdonado, limpio y obediente ante la cubierta expiatoria o trono de Dios יהוה. Con esta acción, Dios יהוה queda plenamente satisfecho en Yom Kippur.

Sólo es posible la expiación a través de Yeshua, a quien Elohim proporcionó Él mismo para el perdón de los pecados y como expiación para la purificación y la reconciliación. Si la gente continúa en la desobediencia y el pecado, el resultado final es sólo el juicio y la condenación eterna (Romanos 2:5-11).

EL TIEMPO DESIGNADO DE YOM KIPPUR

Recapitulemos

¿Qué es Yom Kippur?

Es el día de la purificación, la satisfacción de la justicia, la limpieza y la absolución de las malas acciones.

¿Cuándo se celebra?

El día 10 del séptimo mes, o septiembre/octubre de cada año para siempre. Es 10 días después del Tiempo Señalado de Yom Teruah, cuando se suena la alarma y se reúne todo el pueblo de Elohim. Entonces este pueblo reunido se presenta ante Elohim durante el Yom Kippur como un pueblo purificado. También se presentan todas las cosas como purificadas desde la tierra hasta el cielo, y descenderá la nueva Jerusalén.

¿Por qué celebrar el Yom Kippur?

Porque es un mandamiento que todos los creyentes deben obedecer (Levítico 23:26-32).

¿Qué hacer?

Reunirse en una asamblea sagrada (Levítico 23:27).

Niéguense a ustedes mismos o aflijan sus almas.

¿Cómo negarse a sí mismo?

<u>No trabajar.</u> En lugar de eso, ayunen y recen (Joel 1:14).

¿Cuál es la diferencia entre el Yom Kippur y la Pascua judía?

Pascua = perdón de los pecados (Hebreos 9, Éxodo 12).

LOS TIEMPOS DESIGNADOS DE YHVH ELOHIM

Yom Kippur = limpieza y purificación, satisfacción (Hebreos 9, Miqueas 7:18-19).

¿Quién realiza el Yom Kippur?

Yeshua el Mesías, que es el Sumo Sacerdote. Él lo hizo una vez Y para siempre (hebreos 4, 9). Los dos machos cabríos simbolizados en Levítico 16 señalan a Yeshua como el abogado defensor quien murió y se llevó el pecado.

Yom Kippur en el Nueve Pacto o (Yeshua):

El Mesías entra en el Lugar Santísimo (Hebreos 9).

El ayuno de Yom Kippur:

Hechos 27:9: "Cuando pasó mucho tiempo y el viaje era peligroso, porque ya había pasado el ayuno, Pablo les aconsejó".

Joel 2:15: " Toquen el shofar en Sion! Proclamen un ayuno sagrado, convoquen a una asamblea solemne".

Cosas que ocurren durante el Yom Kippur:

Sonar el shofar en el año del Jubileo por la libertad y la restauración. (Levítico 25:9)

Algunos conceptos erróneos sobre Yom Kippur:

1. Que es lo mismo que la Pascua. La Pascua es el perdón de los pecados y el Yom Kippur es la purificación.

2. Muchos judíos que no son creyentes creen que sus pecados son perdonados cada año, lo que significa que pueden ir al

EL TIEMPO DESIGNADO DE YOM KIPPUR

cielo porque observaron el Yom Kippur. La única forma de entrar en el Reino de Elohim es a través de Yeshua, el Mesías.

3. Otro concepto erróneo es que el macho cabrío o chivo expiatorio que toma los pecados es Satanás, pero esto no tiene sentido. ¿De qué le valiera esto al enemigo? Al contrario, el enemigo quiere que peques.

Hay muchos aspectos del Yom Kippur, pero el principal aspecto que hay que retener es que SÓLO a través de Yeshua se satisface la ira de Elohim por nuestras malas acciones, rebelión e impureza, que son contrarias al carácter de Elohim. SÓLO a través de Yeshua puede restaurarse la relación rota, quebrantada y pagarse la justicia en su totalidad.

Isaías 1:18-19: "'Vengan ahora, razonemos juntos', dice YHVH. Aunque sus pecados sean como la escarlata, quedarán blancos como la nieve. Aunque sean rojos como el carmesí, serán como la lana. Si están dispuestos y obedecen, comerán los bienes de la tierra'".

LOS TIEMPOS DESIGNADOS DE YHVH ELOHIM

Sucá

9
EL TIEMPO DESIGNADO DE SUCOT

Sucot, también conocida como la Fiesta de los Tabernáculos, es uno de los tiempos señalados más alegres. Es la última de las fiestas y termina con el acontecimiento más glorioso de todos los tiempos.

La palabra sukkot es la forma plural de la palabra hebrea "sucá".

¿Qué es una sucá? סֻכָּה

Es una caseta o cabaña.

Es una estructura temporal utilizada para los animales o utilizada por los trabajadores del campo para descansar.

Una caseta es una cabaña hecha con las ramas de un árbol, o un edificio temporal.

Una casa que se ocupa temporalmente. Una estructura móvil que se construye y se desmonta. Un lugar que da sombra y protección.

LOS TIEMPOS DESIGNADOS DE YHVH ELOHIM

Muchas veces, ponemos nuestras esperanzas y nuestra fe en cosas que no dan seguridad, como las profesiones, las finanzas, el mercado de valores y los diferentes clases de seguros. Sin embargo, estas cosas no duran, y muchas veces nos decepcionan e incluso nos desaniman. Nos convencemos de que estamos seguros y bien posicionados, y de que nada puede hacernos tambalear. Pero, en realidad, somos muy vulnerables, estamos muy desprotegidos y somos muy débiles. Somos como las sucas, que son temporales y duran poco tiempo. Ofrecen una protección mínima. Yeshua es el único que puede proporcionarnos protección completa. Él es el único que puede proporcionar un refugio que nadie puede romper, mover o destruir. En Yeshua tenemos una cobertura que es para siempre: una cobertura y una sombra que nos dan seguridad eterna y shalom duradero. Durante la Fiesta de los Refugios, Elohim quiere que recordemos que somos vulnerables sin Él.

Reunirnos en la sucá nos recuerda que estamos abiertos y expuestos al dolor, las malas experiencias, la tribulación, la enfermedad, la pérdida, el dolor emocional, el estrés, el miedo y las inseguridades. Sin embargo, también aprendemos durante Sucot que las tribulaciones de nuestra vida son temporales. Aunque puedan parecer lo contrario, eventualmente esos momentos malos pasaran. Nuestras vidas son como cabañas temporales en las que experimentamos distintas situaciones y tribulaciones. Yeshua pone fin a nuestra incertidumbre, nuestras dudas y nuestro miedo, y nos proporciona amor y protección. Él es nuestro refugio en tiempos difíciles, un refugio que nunca falla, un refugio que dura para la eternidad. En Él, somos victoriosos.

Levítico 23:33-36, 39-43: "YHVH dijo a Moshé: Habla a los hijos de Israel y diles: El día quince de este séptimo mes es la fiesta de Sucot por siete días para YHVH. **El primer día habrá santa convocación.** No harás ningún trabajo regular.

EL TIEMPO DESIGNADO DE SUCOT

Salmos 89:15: Bienaventurados los que aprenden a aclamarte. Caminan a la luz de tu presencia, YHVH ".

LOS TIEMPOS DESIGNADOS DE YHVH ELOHIM

Siete días ofrecerán ofrenda encendida a YHVH. <u>El octavo día tendrán santa convocación.</u> Ofrecerás una ofrenda encendida a YHVH. Es una asamblea solemne; no harás ningún trabajo regular. Así, el día quince del mes séptimo, cuando hayas recogido los frutos de la tierra, celebraran la fiesta de YHVH durante siete días. <u>El primer día será un reposo solemne, y el octavo día será un reposo solemne.</u> Tomaran el primer día frutos de árboles majestuosos, ramas de palmeras, ramas de árboles espesos y sauces de arroyo; y se alegraran delante de YHVH su Elohim durante siete días. Lo celebraran como fiesta solemne a YHVH los siete días del año. <u>Por estatuto perpetuo por sus generaciones.</u> Lo guardarás en el séptimo mes. Habitaran en Suca temporales durante siete días. Todos los nativos de Israel habitarán en Sucá temporal, para que sus generaciones sepan que yo hice habitar en suca temporales a los hijos de Israel cuando los saqué de la tierra de Egipto. Yo soy YHVH tu Elohim."

Cuando el pueblo de Israel viajaba por el peligroso desierto, construían y desmontaban sus refugios temporales cada vez que se detenía. Algo así es cómo es nuestras vidas y cómo la vivimos. Estamos siendo deconstruidos y construidos cada día a la imagen de Yeshua el Mesías. Cada vez que avanzamos en Él, tenemos que detenernos y deconstruir lo que creemos saber, soltar nuestro patrón de pensamiento y pasar a la nueva construcción de nosotros mismos. Tenemos que parar y desprogramarnos de los patrones de pensamiento de este mundo a un nuevo patrón de pensamiento con Yeshua, nuestro Mesías.

La mejor manera experimentar sucot es construyendo y derribando nuestras sucas. Al hacerlo, podemos comprender el cambio que se produce dentro de nosotros cuando tenemos un cambio hacia el Mesías.

EL TIEMPO DESIGNADO DE SUCOT

Cuando construimos y derribamos nuestras sucas, aprendemos que nada dura para siempre en este mundo, y nos sentimos desafiados y sacudidos para cambiar y avanzar hacia algo nuevo.

¿Ya estás emocionado? ¿Quieres celebrar Sucot y cumplir el mandamiento de Elohim?

Bueno, había algunas personas en las Escrituras que estaban más que ansiosas por cumplirlo en cuanto se enteraron de lo que estaba escrito en la Torá.

Nehemías 8:14-18: "Encontraron escrito en la Torá cómo YHVH había ordenado por medio de Moshé que los hijos de Israel <u>habitaran en Sucot en la fiesta</u> del séptimo mes; y que publicaran y proclamaran en todas sus ciudades y en Jerusalén, diciendo: Ir al monte, y tomar ramas de olivo, ramas de olivo silvestre, ramas de mirto, ramas de palma y ramas de árboles frondosos, para hacer temporales refugios, como está escrito". Entonces el pueblo salió y los trajo, y se hicieron refugios temporales, o sucot **cada uno en el techo de su casa, en sus atrios, en los atrios de la casa de Elohim, en el lugar ancho de la puerta de las Aguas, y en el lugar ancho. de la puerta de Efraín**. Toda la asamblea de los que habían vuelto del cautiverio hizo Sucot y habitaron en refugios temporales; porque desde los días de Josué hijo de Nun hasta aquel día los hijos de Israel no hicieron así. Hubo una alegría muy grande. Además, día tras día, desde el primer día hasta el último día, leyeron en el libro de la Torá de Elohim. Celebraron la fiesta durante siete días; y el octavo día hubo asamblea solemne, conforme a la ordenanza."

Estos versículos nos dan instrucciones sobre qué elementos utilizar para construir nuestra sucá y dónde construirlas.

LOS TIEMPOS DESIGNADOS DE YHVH ELOHIM

Debemos construirlo **cada uno en su casa**. Y estos versículos de Nehemías, junto con los versículos de Levítico 23, nos dicen más cosas sobre las especies de plantas que debemos utilizar.

Sucot <u>no consiste en salir a acampar</u>. Las escrituras nos dicen que **construyamos cada uno en el tejado, en el patio y los balcones de nuestras casas**, o en los espacios alrededor de los patios de los templos, etc.

Hay una razón por la que Elohim nos dice que construyamos nuestras sucas cerca de nuestras casas:

Él quiere que lo construyamos **cerca de nuestro hogar** para que podamos tener el impacto de un hogar permanente en lugar del de un hogar temporal. En nuestros hogares, nos sentimos seguros y protegidos. Por eso, si tenemos nuestras sucas junto a nuestras casas, podemos entrar y salir y experimentar el impacto de lo permanente contra lo temporal, la seguridad entre la vulnerabilidad. Aquí en la tierra, todo es temporal y frágil, pero en el reino de Elohim, tenemos un hogar permanente y seguro. Por eso, cuando nos sentimos vulnerables en nuestras sucas, siempre podemos volver al refugio de nuestros hogares seguros como símbolo de nuestro hogar permanente con Yeshua.

Otra razón por la que quiere que lo construyamos cerca de nuestras casas es que quiere nuestro corazón y nuestra atención. Las Escrituras nos dicen que el corazón puede ser engañado fácilmente (Jeremías 17:9).

Elohim quiere nuestros corazones, y tenemos que cambiar la dirección de nuestros corazones para seguir a Yeshua. Él es la única seguridad, la única Sucá que dura para siempre. Tenemos que derribar los deseos mundanos deseos del corazón y las cosas que creemos conocer para seguir a Yeshua. El corazón está cerca de nosotros, y se engaña fácilmente y fácilmente es destrozado. Pero del mismo modo, puede ser fácilmente entrenado para seguir a Elohim.

¿Cómo se construye una suca?

Una suca puede construirse de diferentes maneras.

1. Necesitas tres estructuras de pared, un tejado y una entrada.

2. Puedes utilizar madera, tubos de plástico y los elementos vegetales dados en las Escrituras como estructuras.

3. La parte superior, o tejado, debe estar algo abierta si deseas ver el cielo y utilizar las especies de plantas dadas por Elohim. (Las estaciones han cambiado, y ahora llueve, así que esto puede cambiarse con las especies de plantas para tener una parte superior cubierta).

4. Las plantas son olivos, acebuches, mirtos, palmeras y otros árboles frondosos, una selección de frutas, hojas de palmera, ramas gruesas y sauces de río. Por ejemplo, ¿qué fruta está en época de cosecha donde vives?

5. La sucá debe ser lo bastante grande para que tú y tu familia puedan entretenerse, dormir o rezar.

6. Puesto que se trata de un tipo de vivienda temporal, puedes optar por decorarla o dejarla tal como está.

Algunas personas venden lo que se conoce como Lulav, que no se menciona en la Biblia y cuya compra no es obligatoria. Sin embargo, la Lulav contiene algunas especies de plantas:

LOS TIEMPOS DESIGNADOS DE YHVH ELOHIM

Salmos 27:5: "Porque en el día de la angustia
él me guardará en secreto en su suca.
En lo secreto de su tabernáculo me esconderá.
Él me levantará sobre una roca".

EL TIEMPO DESIGNADO DE SUCOT

Hadassim (3 hojas de mirto)

Aravot (2 hojas de sauce)

Lulav (Hojas de rama de palmera)

Fruto de elección (llamado etrog, NO se menciona en la Biblia). Hablaremos más de esto más adelante en el capítulo.

La lulav también le faltan algunas de las plantas mencionadas en las Escrituras que podemos utilizar para celebrar o construir la sucá, como las aceitunas, los acebuches, las ramas gruesas y las ramas frondosas.

Sucot es un recordatorio de que permanecemos temporalmente en estos refugios llamados nuestros cuerpos hasta que Yeshua venga y nos dé nuestras nuevas vestiduras espirituales. Es un recordatorio de que estas vestiduras de carne son frágiles, igual que la sucá, y que debemos cuidarlas bien. Elohim siempre nos ayuda a cuidar de nosotros mismos. Sabe lo frágiles que somos, por eso provee a todas nuestras necesidades.

Hacer una sucá es un recordatorio de que debemos confiar en Elohim y no tener miedo. Somos frágiles y vivimos en un mundo que un día dejará de existir. Están ocurriendo muchas cosas malas en el mundo, pero si ponemos nuestra confianza en Yeshua, Él promete que volverá y nos llevará para estar con Él.

Vivir en la Sucá

Volvamos a Nehemías 8:14:

LOS TIEMPOS DESIGNADOS DE YHVH ELOHIM

"Encontraron escrito en la Torá cómo YHVH había ordenado por medio de Moshé que los hijos de Israel habitaran en Sucot en la fiesta del séptimo mes".

La palabra hebrea para vivir o morar es Yeshboo יֵשְׁבוּ

Esta palabra significa sentarse, habitar, poblar o, en otras palabras, pasar tiempo en la sucá. Mucha gente diría que la sucá está hecha para que **vivamos** en ella las 24 horas del día. Pero si entendemos la palabra hebrea, podemos decir que si quieres dormir en ella, está bien, y si quieres pasar tiempo sentado en ella, también está bien. Por tanto, no te asustes por no dormir en ella todas las noches, sino pasa todo el tiempo que puedas en la suca.

Algunos conceptos erróneos sobre Sucot:

1. Ondeando el lulav.

2. Ir de acampada. Las Escrituras nos dicen que construyamos una sucá cerca de nuestras casas.

3. Simcha Torá

El uso del Lulav agitándolo

Hoy en día, muchas sinagogas utilizan un lulav para representar las especies de plantas. Además, mecen el lulav hacia delante, hacia atrás, hacia arriba y hacia abajo. Mecer el lulav es una tradición que no se encuentra en la las Escrituras.

Vivimos en una época en la que tenemos que estar alerta sobre los hombres y sus tradiciones. En la línea de los exiliados, la influencia rabínica y la interpretación de la Torá tomaron precedencia sobre la palabra solemne de Elohim. Debemos leer por nosotros mismos y no ser ignorantes de la palabra. Debemos ser diligentes para no caer en tradiciones e imaginaciones inventadas por la sociedad transitoria.

<u>El uso del etrog como fruto de elección</u>

Volviendo a Levítico 23:40: "Tomarás el primer día frutos de árboles majestuosos, ramas de palmeras, ramas de árboles espesos y sauces de arroyo; y te alegrarás delante de YHVH tu Elohim siete días".

El versículo en hebreo, leído de derecha a izquierda, dice:

וּלְקַחְתֶּם לָכֶם בַּיּוֹם הָרִאשׁוֹן פְּרִי עֵץ הָדָר

Ahora, el primer día, deberían tomar para ustedes el fruto del árbol hermoso...

O

Y deben tomar el primer día el fruto del árbol hermoso

Ahora bien, Hadar/הָדָר en español significa "hermoso", pero también significa "alabar, honrar, respetar". También significa "esplendor" y "cítrico".

Las Escrituras no identifican el etrog como el fruto selecto o la fruta hermosa. El origen del etrog se remonta a la India y antes de la India, en China.

Ya que Hadar también significa "cítrico", el judaísmo rabínico identificó e interpretó el etrog como un fruto bello porque es cítrico. Sin embargo, la fruta bella en las Escrituras puede identificarse como algún otro cítrico de la temporada.

LOS TIEMPOS DESIGNADOS DE YHVH ELOHIM

El uso del etrog procede de la influencia ritual babilónica en la época de los exiliados. También llegó con el ascenso, el poder y la corrupción del judaísmo rabínico, que utilizaba historias y tradiciones de rituales paganos para controlar y manipular al pueblo. Elohim nos advierte sobre la práctica de cualquier cosa procedente de Babilonia (por ejemplo, Jeremías 51:45, Isaías 48:20).

Apocalipsis 18:4-5: "Oí otra voz del cielo que decía: "Salir de ella, pueblo mío, para que no tengas participación en sus pecados, ni recibas parte de sus plagas, porque sus pecados han llegado hasta el cielo, y Dios ha recordado sus iniquidades".

¿Vamos a caer en manos de la corrupta influencia pagana rabínica o seguir las Escrituras? Seguir las Escrituras, por supuesto.

Hadar, como ya hemos dicho, significa alabar, honrar y respetar; por tanto, el hermoso fruto también es espiritual. Acudir a la presencia de Elohim con los frutos generosos del Ruaj Hachodesh (Espíritu Santo), dando honor y respeto a nuestro Padre celestial, alabándole en adoración: "¡Santo sea Su nombre! ¡Venga a nosotros Su reino! ¡Hágase Su voluntad!"

Si quieres comprar el lulav para tener la presencia de las plantas y posiblemente del fruto del citrón, ten cuidado con la tradición que no está escrita en las Escrituras.

Simjá Torah

Simjá Torá significa regocijo en la Torá.

Simjá Torá se conoce como el final de la lectura de la Torá, que tiene lugar el octavo día de Sucot. La lectura regresa al libro de Génesis hasta el libro del Deuteronomio. Las Escrituras no mencionan nada acerca de que este día sea Simjá Torá, y se trata de otro plan diabólico de la secta rabínica para eliminar a

EL TIEMPO DESIGNADO DE SUCOT

Yeshua de sus lecturas, lo cual es imposible porque Él ya está en las lecturas.

No hay nada malo en leer las Escrituras, del Génesis al Deuteronomio, una y otra vez, pero les falta las lecturas del Nuevo Pacto, que es Yeshua el Mesías. Por tanto mejor leer esos libros junto con el resto de los libros de la las Escrituras del Nuevo Testamento.

¿Por qué harían algo así?

Es fácil para separar a Yeshua de la ecuación.

Shemini Atzeret

Shemini Atzeret significa asamblea en el octavo día.

Dado que el último día de Sucot está ordenado por Elohim como día para tomar libre en Levítico 23, algunos rabinos del judaísmo rabínico lo relacionaron con el final del ciclo anual de lectura, o Simjá Torá, y el cierre de los días de fiesta. Por ello, algunos aclamaron el octavo día como una fecha separada de Sucot.

Sin embargo, las Escrituras nos dicen lo contrario.

Levítico 23:39: "Así que el día quince del mes séptimo, cuando hayas recogido los frutos de la tierra, celebraran la fiesta de YHVH por siete días. El primer día será un descanso solemne, y el octavo día será un descanso solemne."

Yeshua llamó al último día Hoshana Raba, que significa "la gran salvación" o "la gran súplica":

Juan 7:37-39: "**Ahora, en el último y más grande día de la fiesta**, Yeshua se puso de pie y gritó: "¡Si alguno tiene sed, venga a mí y beba! El que cree en mí, como dice la Escritura, de su interior correrán ríos de agua viva". Pero esto dijo del Espíritu que habían de recibir los que creyeran en él. Porque el Espíritu Santo aún no había sido dado, porque Yeshua aún no había sido glorificado".

Yeshua es nuestra salvación y nuestro octavo día para siempre.

El Octavo Día

El octavo día de Sucot tiene mucho significado y trae plenitud. Cuando Yeshua nos llamaba en Juan 7:37 a venir a Él, nos estaba llamando a venir a un lugar lejos de todo lo que hemos conocido en esta tierra. Él nos estaba llamando a unirnos a Él para siempre. Ocho días de regocijo y celebración, y la llegada de la cosecha, preparándonos y esperando a servir. Sí, sirviendo al Rey. Regocijándonos en Él con todos los frutos del Espíritu y lanzando nuestras coronas al Rey del universo. Regocijándonos y preparándonos para estar con Él para siempre.

El octavo día es el día culminante de la finalización, finalización y completa sumisión al Rey de Reyes y Señor de Señores. A través de nuestra sumisión llega una nueva vida que durará para siempre. El octavo día, entonces, no es una fecha de separación sino la culminación final de la salvación eterna.

Piense en la circuncisión que no es de la carne, porque no ofrece nada, pero el Espíritu, trae la obediencia al trono de Elohim, concediéndonos una vida eterna con Yeshua en Su magnífico reino. Un pueblo separado, un pueblo santificado, un pueblo santo para Yeshua, lleno de lo que Yeshua llama "vida abundante", por los siglos de los siglos.

Vamos a organizarlo:

¿Qué es Sucot?

Es la Fiesta de los Refugios (Fiesta de los Tabernáculos).

EL TIEMPO DESIGNADO DE SUCOT

Suca

LOS TIEMPOS DESIGNADOS DE YHVH ELOHIM

¿Por qué celebrar Sucot?

Es un mandamiento.

Levítico 23:37: "Estas son las fiestas señaladas de YHVH, las cuales proclamaran como santas convocaciones, para ofrecer ofrenda encendida a YHVH, sacrificio quemado, ofrenda, sacrificio y libaciones, cada una en su día".

¿Cuándo celebramos Sucot?

Levítico 23:34: " Habla a los hijos de Israel y diles: El día quince de este séptimo mes será la fiesta de Sucot por siete días a YHVH". SEP/OCT Calendario gregoriano.

¿Qué hacemos?

1. La Santa Convocación. (Levítico 23:35)

2. Celebrar durante ocho días. (Levítico 23:39)

3. No trabajar; tómate el primer y el último día libres. Esto es un Shabat, un Shabat especial. (Levítico 23:35-36)

4. Presenta una ofrenda y orar. (Levítico 23:36)

5. Construye una sucá y habita en ella. (Nehemías 8:15, Levítico 23:40)

Te animo a que construyas tu sucá. Una vez que construyas tu sucá, puedes decorarla si quieres, y luego comer en ella. Puedes invitar a personas y tener comunión.

¿Celebró Yeshua el Sucot?

Sí. (Juan 7:1-24)

¿Cuál es el significado de Sucot?

Sucot apunta a Yeshua y a los días finales de un pueblo unificado, limpio y santificado. No tenemos tiempo para hablar de esto

EL TIEMPO DESIGNADO DE SUCOT

en profundidad, pero tocaremos en unos pares de versículos a continuación.

Yeshua vino a la Tierra para tabernacular con nosotros. Nació en una suca.

Juan 15:5: "Yo soy la vid. Ustedes son las ramas. El que permanece en mí y yo en él, da mucho fruto, porque separados de mí nada pueden hacer".

Juan 14:20: "En aquel día sabras que yo estoy en mi Padre, y ustedes en mí, y yo en ustedes".

¿Cómo permanecemos en Yeshua?

Acéptalo como tu Salvador. "El que come mi carne y bebe mi sangre vive en mí, y yo vivo en él" (Juan 6:56).

"Quien confiesa que Yeshua es el Hijo de Dios, Dios permanece en él, y él en Dios." (1 Juan 4:15).

Construir nuestras sucas en nuestros patios, en la parte trasera de nuestras casas o en nuestros balcones nos recuerda la palabra temporal. Como leemos en el Eclesiastés, hay un tiempo y una temporada para todo. Pero con Yeshua, estamos protegidos en los buenos tiempos y en los tiempos de tribulación. Construir la sucá al lado o cerca a nuestras casas nos da un ejemplo de un hogar permanente dentro de nuestros hogares en debes de una morada temporal en el exterior.

No necesitamos estar afuera del reino. Podemos elegir a Yeshua y estar adentro, donde todo es permanente y seguro.

Así pues, resumamos las Fiestas de Otoño:

Anímate a construir tu sucá este año.

EL TIEMPO DESIGNADO DE SUCOT

Yom Teruah es el primer día del séptimo mes del año (luna nueva). Yom Teruah no es Rosh Hashaná porque no se celebra al principio del año, sino hacia el final. Yom Teruah es la Fiesta de las Trompetas/Shofar. Entonces, ¿qué hacemos? Tocamos el shofar.

Yeshua es el Shofar. El shofar es Su voz que hace sonar la alarma llamándonos a despertar, a venir a Él y a arrepentirnos.

Yom Kippur es el Día de la Expiación, que se toma el décimo día del séptimo mes. Es un día para negarnos a nosotros mismos, sobre todo no trabajar. Y también es un día para ayunar.

El Día de la Expiación es el día de purificacion. ¿Debemos tocar el shofar en Yom Kippur? Sí. Debemos proclamar un ayuno sagrado, sobre todo en el Año del Jubileo.

Luego, el día 15 del séptimo mes es Sucot, en el que debemos construir una sucá. Se celebra durante ocho días. El primer día es un Shabat de descanso para dar comienzo a las festividades, y el octavo día es un Shabat de descanso. Lo celebramos estando en nuestras sucas con amigos y familiares, rezando, alegrándonos y preparándonos para el octavo día.

Sucot es un tiempo maravilloso para estar con Elohim y recordar que nuestros cuerpos son frágiles y que no durarán. Que nuestras circunstancias, enfermedades, problemas económicos, ira, amargura y toda mala acción no durarán. Un día toda maldad será arrojada al lago de fuego, quedando sólo nuestro tabernáculo con Yeshua el Mesías. Un día llegará el octavo día y estaremos con Yeshua para siempre. Todas las aflicciones, tribulaciones y cosas que hoy nos preocupan ya no existirán.

Elegir el Camino Estrecho hacia Yeshua el Mesías.

10
UNA HISTORIA DENTRO DE UN LIBRO

La Experiencia

Traicionado, el padre gritó mientras abofeteaba a Beatrice en la cara, dejándole impreso su elegante anillo en la mejilla. La madre de Beatrice, sollozando, trató nerviosamente de retener a su marido, pero éste la empujó bruscamente, haciéndola caer al suelo. Sus hijos, aterrorizados, corrieron en ayuda de su madre, que gritaba frenéticamente a su marido que se detuviera. Beatrice se arrastró hacia la ventana, con la cara sangrando por los golpes de su padre. Con la mano izquierda, la levantó por el cuello, dejándola sin aire. Luego cerró el puño con la mano derecha. Pero antes de que pudiera golpearla, el hermano mayor de Beatrice entró corriendo por la puerta principal y saltó sobre él, lo arrastró hasta el suelo y le propinó un puñetazo. Luego agarró rápidamente la lámpara de la habitación y golpeó a su padre hasta dejarlo inconsciente.

Beatriz tomó el riesgo de aceptar a Yeshua y caminar en la rectitud. Es una decisión que impactara nuestras relaciones, no por nuestra parte, sino por la de aquellos que no acepten a Yeshua.

Yeshua pagó un precio muy alto que nunca podremos pagar para que pudiéramos tener vida eterna. Acéptale hoy en tu vida.

EPÍLOGO

¿Por qué debemos participar en estas celebraciones de los Tiempos Designados?

Porque Elohim lo ordena.

Los tiempos señalados son bendiciones sobre bendiciones. Reflejan algo fuera de este mundo que ha trascendido al reino del espíritu. Son citas especiales e invitaciones a pasar algún tiempo con el Rey.

Yeshua está tratando de contarte la historia de Su vida, lo que está por venir y la historia del mundo. Él es todos los días festivos; la Pascua, los Panes sin levadura, los Primeros Frutos, el Shavuot, el Yom Teruah, el Yom Kippur, el Sukkot y el Shabat, y nunca pasarán.

Él nos dice en Mateo 24:35:

"El cielo y la tierra pasarán, pero mis palabras jamás pasarán".

Cuando pensamos en todos estos Tiempos Designados, nos damos cuenta de que son las fiestas anuales del plan de redención de Elohim. Cada uno de ellos señala a Yeshua como plan de salvación. Nos cuentan la historia de nuestro Padre del Cielo y de Su amor, gracia y misericordia.

LOS TIEMPOS DESIGNADOS DE YHVH ELOHIM

Desde el principio, hubo un plan, y la creación se estableció para tener éxito. Nada puede desbaratar Su plan; nada ni nadie puede interponerse en el camino de Su victoria. <u>Elohim es la piedra que se separó en Daniel 2:45</u> y se convirtió en la piedra redentora de la salvación, y la piedra lisa que derrotó a Goliat se convirtió en la piedra angular y la roca de la salvación para toda la humanidad. Yeshua es el Mesías de Israel y el Creador de todas las cosas.

בְּרֵאשִׁית בָּרָא אֱלֹהִים **אֵת** הַשָּׁמַיִם **וְאֵת** הָאָרֶץ׃

"Beresheet bara Elohim ET hashamaying ET Ha ares.

El Et en hebreo es el Alev Tav o primero y último o principio y fin. Yeshua dijo en Apocalipsis 1:17 que Él es el primero y el último. Significa Yeshua como creador de los cielos y de la tierra. Luego en Génesis 1:1 dice que en el principio Elohim Yeshua creó el cielo y la tierra.

Gracias a la Roca de nuestra salvación, Aquel que dio Su vida voluntariamente y en obediencia.

Colosenses 1:13-23: "quien nos libró del poder de las tinieblas y nos trasladó al Reino del Hijo de su amor, en quien tenemos nuestra redención, el perdón de nuestros pecados. Él es la imagen del Dios invisible, el primogénito de toda la creación. Porque en él fueron creadas todas las cosas que hay en los cielos y en la tierra, lo visible y lo invisible, ya sean tronos, ya sean dominios, ya principados, ya potestades. Todas las cosas han sido creadas por él y para él. Él es antes de todas las cosas, y en él todas las cosas se mantienen juntas. Él es la cabeza del cuerpo, la asamblea, el cual es el principio, el primogénito de entre los muertos, para que en todo tenga la preeminencia. Porque agradó a toda la plenitud habitar en él, y por él reconciliar consigo todas las cosas, así las

EPÍLOGO

que están en la tierra como las que están en los cielos, habiendo hecho la paz mediante la sangre de su cruz. Ustedes, siendo en tiempos pasados enajenados y enemigos en su mente por sus malas acciones, ahora él les ha reconciliado en el cuerpo de su carne mediante la muerte, para presentarlos santos y sin defecto e irreprensibles delante de Él, si es así que perseveras. en la fe, cimentados y firmes, y no apartados de la esperanza de la buena nueva que has oído, que se anuncia en toda la creación bajo el cielo, de la cual yo, Pablo, fui hecho siervo."

Gracias a יהוה (YHVH)

"Porque tanto amó Dios al mundo, que dio a su único Hijo, para que todo aquel que en él cree no se pierda, sino que tenga vida eterna. Porque Dios no envió a su Hijo al mundo para juzgar al mundo, sino para que el mundo sea salvo por él" (Juan 3:16-18).

RECURSOS

Biblia Ingles Mundial/World English Bible

JPS 1917

El Westminster Leningrado Codex

El Nuevo Testamento Hebreo 1901

ACERCA DEL AUTOR

La información proporcionada en este libro es sólo el comienzo de un largo viaje de aprendizaje. Cada año que celebras estos Tiempos Designados, no es sino otra revelación de la historia de la salvación de Yeshua. A medida que aprendas más y más sobre el significado de cada uno de estos maravillosos días de fiesta, se abrirán más puertas para que conozcas a Yeshua el Mesías y tengas comunión con El.

Cuando pensamos en todos estos Tiempos Designados, nos damos cuenta de que son las fiestas anuales del plan de redención de Elohim. Cada uno de ellos señala a Yeshua como plan de salvación. Nos cuentan la historia de nuestro Padre del Cielo y de Su amor, gracia y misericordia.

"Considera lo que te digo, para que el Señor te dé entendimiento en todas las cosas" (2 Timoteo 2:7).

www.ingramcontent.com/pod-product-compliance
Lightning Source LLC
LaVergne TN
LVHW051035070526
838201LV00009B/214